Sven-Oliver Bemmé

Kultur-Projektmanagement

Kunst- und Kulturmanagement

Herausgegeben von
Andrea Hausmann

Europa-Universität Viadrina Frankfurt (Oder)

Ziel der Reihe „Kunst- und Kulturmanagement" ist es, Studierende, Wissenschaftler und Praktiker in komprimierter Weise in das Fachgebiet einzuführen und mit den wesentlichen Teilgebieten vertraut zu machen. Durch eine abwechslungsreiche didaktische Aufbereitung und die Konzentration auf die wesentlichen Methoden und Zusammenhänge soll dem Leser ein fundierter Überblick gegeben sowie eine rasche Informationsaufnahme und -verarbeitung ermöglicht werden. Die Themen der einzelnen Bände sind dabei so gewählt, dass sie den gesamten Wissensbereich des modernen Kunst- und Kulturmanagement abbilden.

Für die Studierenden muss eine solche Reihe auf die Anforderungen der neuen Bachelor- und Masterstudiengänge abgestimmt sein. Die (auch prüfungs-)relevanten Teilgebiete des Fachs sollen daher abgedeckt und in einer komprimierten, systematisch aufbereiteten und leicht nachvollziehbaren Form dargeboten werden. Für bereits im Berufsleben stehende Kunst- und Kulturmanager sowie sonstige Interessierte muss die Reihe den Anforderungen gerecht werden, die eine arbeitsintensive Berufstätigkeit mit sich bringt: Kurze und prägnante Darstellung der wichtigsten Themen bei Sicherstellung aktueller Bezüge und eines qualitativ hochwertigen Standards. Es ist unbedingter Anspruch der jeweiligen Autorenbücher, diesen Interessenslagen gerecht zu werden. Dabei soll neben einer sorgfältigen theoretischen Fundierung immer auch ein hoher Praxisbezug gewährleistet werden.

Ein solches Vorhaben wäre nicht möglich ohne die zahlreichen renommierten Autoren aus Wissenschaft und Praxis, die für eine Mitwirkung gewonnen werden konnten und die mit ihrer Expertise den Grundstein für eine positive Rezeption der Reihe am Markt gelegt haben. Welche Werke bereits erschienen und welche im Entstehen begriffen sind, lässt sich auf den Seiten des VS Verlags für Sozialwissenschaften (www.vs-verlag.de) und des Masterstudiengangs „Kulturmanagement und Kulturtourismus" an der Europa-Universität Viadrina (www.kuwi.euv-frankfurt-o.de/kulturmanagement) leicht recherchieren.

Sven-Oliver Bemmé

Kultur-
Projektmanagement

Kultur- und
Organisationsprojekte
erfolgreich managen

VS VERLAG

Bibliografische Information der Deutschen Nationalbibliothek
Die Deutsche Nationalbibliothek verzeichnet diese Publikation in der
Deutschen Nationalbibliografie; detaillierte bibliografische Daten sind im Internet über
<http://dnb.d-nb.de> abrufbar.

1. Auflage 2011

Alle Rechte vorbehalten
© VS Verlag für Sozialwissenschaften | Springer Fachmedien Wiesbaden GmbH 2011

Lektorat: Frank Engelhardt

VS Verlag für Sozialwissenschaften ist eine Marke von Springer Fachmedien.
Springer Fachmedien ist Teil der Fachverlagsgruppe Springer Science+Business Media.
www.vs-verlag.de

Umschlaggestaltung: KünkelLopka Medienentwicklung, Heidelberg
Druck und buchbinderische Verarbeitung: Ten Brink, Meppel
Gedruckt auf säurefreiem und chlorfrei gebleichtem Papier
Printed in the Netherlands

ISBN 978-3-531-17094-7

Vorbemerkung

Wie gelingt es, in einer gesellschafts-, kultur- und wirtschaftspolitisch komplexer werdenden Umwelt Kulturprojekte erfolgreich zu planen und zu managen? – Das vorliegende Handbuch bietet einen methodischen Lösungsansatz für Kulturmanagement-Studierende, Kulturmanagerinnen und Manager sowie Entscheider/innen im Kultursektor, Kulturprojekte aus eigener Kraft erfolgreich vorzubereiten, durchzuführen und die Weiterverwertung von Projekterfolgen in der Kulturorganisation sicherzustellen. Hierbei werden zwei Wege beschritten:

1. Die Darstellung und Vertiefung von Grundlagen der Projektmanagement-Methodik und ihrer Anwendungsmöglichkeiten in der Kulturorganisation
2. Die Bereitstellung von Praxis- und Transferbeispielen sowie Matrizen für die konkrete Umsetzung im Kulturprojekt-Alltag

Der wesentliche Erfolgsfaktor im Projekt sind die beteiligten Akteure, d. h. die Menschen selbst. Aus diesem Grund liegt ein Themenschwerpunkt auf der Herleitung und Erläuterung zwischenmenschlicher Ursachen für Projekterfolg und für Risiken möglichen Misserfolgs. Die Bedeutung des Menschen im Kulturprojekt, sowohl in der Teamarbeit als auch hinsichtlich notwendiger individueller Disposition und Qualifikation, korrespondiert mit der Erkenntnis aus der Beratungsarbeit in verschiedenen Kulturbetrieben, dass letztlich Motivation und Handlungsfähigkeit der Beschäftigten einzig echtes und zuverlässig entwickelbares Unterscheidungs- und Alleinstellungsmerkmal gegenüber potenziellen Wettbewerbern im Kulturanbietermarkt sind.

Dem Allgemeingültigkeitsverständnis von Methoden folgend werden im Text Hilfsmittel, Strukturierungs- und Handlungsalternativen dargestellt sowie Empfehlungen zur selbstständigen Weiterentwicklung im Alltag gegeben. Um eine möglichst breite und projektübergreifende Verwertbarkeit zu gewährleisten sowie die Vorwegnahme genuin betriebsabhängiger Spezifika zu vermeiden, finden sich im Text anhand der Praxistauglichkeit ausgewählte Checklisten und Blanko-Formulare, die nach individuellem Bedarf als Vervielfältigungsvorlagen geeignet sind. Es wird des Weiteren davon ausgegangen, dass die nicht immer paritätische Verwendung der Geschlechterformen im Text nicht als benachteiligend empfunden, sondern zugunsten der Lesbarkeit akzeptiert wird.

Inhalt

1 Rahmenbedingungen für Kultur-Projektmanagement

Der Kultursektor in Deutschland ist in Bewegung. Die Dauer von Angebotszyklen, die ‚Überlebenszeit' bzw. Gültigkeit kultureller Angebote, nimmt ab; die Umschlaggeschwindigkeit, in der Neues bereitgestellt wird und schließlich wieder verschwindet, wieder ‚out' ist oder überholt, nimmt zu. Mittlerweile stehen vereinzelt selbst tradierte Kunst- und Kulturbestände, etablierte Spielstätten oder Sammlungen unter Existenzdruck. Zugleich als Folge wie auch Mitursache werden von privatfinanzierten wie öffentlich geförderten Kulturanbietern immer komplexere Fähigkeiten zur Aufrechterhaltung kultureller Vielfalt verlangt.

Die Lebensumwelt der Kulturorganisation und ebenso Kultur als Teil der Lebensumwelt ihrer Rezipienten werden mitbestimmt von der weiter voranschreitenden Technisierung und einer in Teilen ‚hausgemachten' Kulturkonsumorientierung. So wie Darbietungsverhältnisse das menschliche Rezeptionsverhalten prägen, prägt menschliches Verhalten umgekehrt auch die Darbietungsverhältnisse. Exemplarisch zeigt die Entwicklung der Tonträgerindustrie, dass veränderte Wahrnehmungs- und Zugangspräferenzen u. a. Resultat veränderter technischer Darbietungs- und Transportmöglichkeiten und damit verknüpfter Verbreitungsbestrebungen sind. Sich verändernde Wahrnehmungs- und Zugangspräferenzen stellen wiederum neue Anforderungen an vorhandene Darbietungs- und Transportmöglichkeiten. Tradiertere Vermittlungskanäle verlieren so immer schneller an Bedeutung und behalten ihre Lebensberechtigung mittelfristig nur noch in Nischen, während der Bedarf nach Neuem weiter zunimmt.

Die Welt, in der Kultur stattfindet, ist in den vergangenen Jahrzehnten eine andere geworden – keine bessere, keine schlechtere, aber eben eine andere. Und sie ändert sich kontinuierlich weiter. Dies ist besonders spürbar für den laufenden Kulturbetrieb, der sich einerseits unter zunehmendem finanziellen Druck, Verknappung öffentlicher Fördergelder und schrumpfender Budgetierung sowie andererseits in harter Konkurrenz zu anderen gesellschaftlichen sowie Konsum- und Freizeitangeboten wiederfindet. Im Resultat stellt dies Leitungsgremien vor die oft schwierige Situation, „eine weitere Professionalisierung im betrieblichen Alltag gewährleisten zu müssen, ohne dabei künstlerische Zielsetzungen und deren vorrangige Bedeutung aus den Augen (zu) verlieren" (Miko 2008, S. 76).

Innovation und Wandel in der Kulturorganisation generieren nachvollziehbare Zukunfts- und Existenzängste bei den Betroffenen und in der Folge nicht selten Widerstände nach innen und außen. Hinsichtlich der Innovationskraft ist „sowohl der Wille, den Wandel zu fördern, als auch die Fähigkeit, problemlösende Beiträge beizusteuern, [...] meist nur gering ausgeprägt" (Hausmann 2007, S. 1). Oft unterschätzt werden zugleich die Chancen, die der Wandel (auch) für Kulturanbieter/innen mit sich bringt, beispielsweise die zunehmende Professionalisierung hinsichtlich der Management-Fähigkeiten innerhalb einer Organisation. Nicht alles, was sich ändert, ist automatisch schlecht. Beispielsweise bedeutet der Rückzug öffentlicher Förderung zugleich mehr Gestaltungsspielraum und weniger Dirigismus in der Gestaltung von Programmen und ehemals fest vorgegebenen Verfahrensabläufen, vorausgesetzt die Managementverantwortlichen in der Organisation ergreifen aktiv die Initiative.

ⓘ Praxisbeispiel Theatermanagement

„Bisher musste sich das Management hauptsächlich darum kümmern, staatlich bereitgestellten Raum zu verwalten. So nennt sich Management in den Theaterbetrieben auch immer noch häufig Verwaltung" (Hopf 2008, S. 111). Die Notwendigkeit, sich nunmehr wieder vermehrt um die Neuschaffung dieser Räume kümmern müssen, bevor sie verwaltet werden können, bietet zugleich die Chance einer fortschreitenden Professionalisierung und Neupositionierung des Kulturbetriebs aus eigener Kraft.

Zeitgleich geht die Ära rein fach- und senioritätsgelenkter Führungskarrieren im Kulturbetrieb zuende. Nicht mehr länger wird der versierteste und älteste Musiker im Orchester, mit den Kontakten in die Lokalpolitik sowie ausreichender Durchsetzungsstärke, automatisch auch irgendwann dessen Leiter. Der Wandel öffnet hingegen Chancen für junge kompetente Kulturmanager/innen und die Professionalisierung des Kulturwesens nimmt zu (Bemmé 2006, S. 12; Bendixen 2006, S. 3; Bloching/Hasse 2006, S. 2). Die Kürzung öffentlich geförderter Kulturpersonalstellen ist einerseits bedauernswerter Abbau. Andererseits kann eben dieser Abbau eine chancenreiche Personalverlagerung in korsettfreieres kreatives Kulturschaffen beinhalten. Hierfür spricht die seit Jahren explosionsartig steigende Zahl von Existenzgründungen im Kultursektor bzw. der Trend zum neuen „Kulturunternehmer" (Heinze 2008, S. 179).

Was ändert sich in Bezug auf die Frage, ob Kunst und Kultur ihren Preis haben, d.h. Kosten verursachen, die jemand anderes bezahlen muss? – Streng genommen nichts, denn kein großer Altmeister der Malerei oder der Musik, der zu Lebzeiten von seinem Schaffen leben wollte oder konnte, arbeitete durchweg unbezahlt für Publikum oder Auftraggeber. Im Gegenteil, Kunst und Kultur gegen Geld sind alles andere als eine Erfindung der späten Neuzeit. Und es gab auch schon Zeiten, in denen beispielsweise die Theater im deutschen Sprachraum zu den führenden kommerziell betriebenen Spielstätten der Welt gehörten (Hopf 2008, S. 110).

Tatsache bleibt, wie viele Organisationen in anderen wirtschaftlich-gesellschaftlichen Segmenten, arbeiten auch Kunst- und Kulturanbieter unter wachsendem Leistungsdruck, konfrontiert mit hoch-abstrakten und nicht zuletzt kreativ-visionär fordernden Aufgabenstellungen sowie unter dem eher zu- als abnehmenden Drohpotenzial einer ungewissen kultur- und finanzpolitischen Zukunft. Die operative Aufgabenerledigung wird angesichts sich auffächernder Rezipienteninteressen segmentierter, muss zugleich jedoch ganzheitlichen Zielen folgen, unter anderem dem eigenen Organisationserhalt sowie der Zukunftssicherung eines möglichst breiten und zugleich zugänglichen Kulturgesamtangebots. Es stellt sich die Frage: Wie geht eine Kulturorganisation mit der Situation des Wandels um, bzw. wie wird der Wandel zum institutionellen und zum Vorteil des bestehenden Kulturangebots sowie der veränderten Nachfrage genutzt? – Eine Antwort hierauf liefert der Kultur-Projektmanagement-Ansatz.

2 Wozu Projektmanagement im Kulturbetrieb?

Gezieltes und professionelles Kultur-Projektmanagement eröffnet einen Lösungsweg zur Bewältigung von gleichsam strategischen und operativen Herausforderungen, die sich aus der ‚Dynaxität' der Lebensumwelt vieler Kulturorganisationen ergeben. ‚Dynaxität' beschreibt das gleichzeitige Zusammenwirken von Dynamik und Komplexität und somit das Phänomen, dass viele Aufgaben angesichts gleichzeitiger Komplexität und geforderter Lösungsgeschwindigkeit nicht mehr von einzelnen Fachexperten oder Allein-Entscheidern bewältigt werden können. Vielmehr sind hierfür immer häufiger wechselnde interdisziplinäre Spezialisten-Teams vonnöten (Steinle/Lawa/Kraege 1998, S. 131; Boy/Dudek/Kuschel 1995, S. 13; Madauss 1994, S. 9).

ⓘ **Praxisbeispiel urbaner Live-Musik-Club**

Von einem Live-Musik-Club-Betreiber wird heutzutage weit mehr verlangt als nur eine gute Vernetzung in der Live-Musik-Szene, ausgeprägte Handlungsinitiative, hohe Aktionsgeschwindigkeit, Engagement, Geschick bei der Auswahl der Live-Acts und fundierte Booking-Erfahrung. Vielmehr muss er zugleich ein mindestens ebenso versierter und kompetenter Gastronom, Personalleiter und rechtssicherer Ökonom sein, um den Anforderungen gerecht zu werden, die allein durch gesetzliche Bestimmungen und Auflagen – vom behördlichen Antragswesen über die GEMA bis hin zu personal- und steuerrechtlichen Anforderungen – von außen vorgegeben sind (Rhein 2007, S. 175 ff.).

Resultierende Aufgaben im Kulturbetrieb haben immer häufiger Projektcharakter und machen Arbeitsmethoden wie Projektmanagement und Teamarbeit als Bewältigungsstrategien notwendig. Mit steigender Häufigkeit projektierten Arbeitens zur Lösung komplexer, zeitlich begrenzter Aufgaben nimmt die Bedeutung des Projektmanagements in Kulturorganisationen zu. Projektarbeit und ihr notwendiges Management sind im Kulturbetrieb zugleich kein Novum. Projektarbeit begleitet künstlerisches und kulturelles Schaffen von Beginn an. Für viele Künstler/innen und ebenso für jede kulturtragende Institution war und ist letztlich fast jede neue Kulturangebotsinitiative zunächst ein Projekt und zugleich Garant für das eigene Überleben. Allerdings ist bei Weitem nicht *jede* kulturspezifische Aufgabenerledigung ein Projekt, selbst wenn es der alltagssprachliche Begriffsgebrauch bisweilen nah legt. Zur Herstellung eines einheitlichen Projektverständnisses werden daher im Folgenden zunächst die wesentlichen Grundbegriffe definiert.

2.1   Projekt und Projektmanagement – Begriffe und Entstehung

Projektarbeit hat es schon immer gegeben. „Der Bau der Pyramiden, die Errichtung des Eiffelturms, die Organisation einer Olympiade oder auch einer Bundesfeier sind Beispiele für herausfordernde Leistungen mit Projektcharakter" (Boy/Dudek/Kuschel 1995, S. 20). Projekt*management* als spezifische Methode der Projektbearbeitung entstand hingegen erst während des Zweiten Weltkrieges in den USA zur Realisierung umfangreicher Verteidigungsprojekte. Mehrwerterkenntnis bezüglich der Methode sowie deren Weiterentwicklung wurzeln maßgeblich in eher technischen Arbeits- bzw. Großprojektzusammenhängen, wie z. B. in der Luft- und Raumfahrt. Erst mit zunehmender Internationalisierung fand das Projektmanagement Eingang in europäische und im Rahmen der Globalisierung in alle modernen Organisationszusammenhänge in Industrie, Handel und Behörden (Madauss 1994, S. 12 ff.).

Nach DIN 69901 ist ein Projekt ein „Vorhaben, das im wesentlichen durch Einmaligkeit der Bedingungen in ihrer Gesamtheit gekennzeichnet ist, wie z. B. Zielvorgabe; zeitliche, finanzielle, personelle oder andere Abgrenzungen; Abgrenzung gegenüber anderen Vorhaben; projektspezifische Organisation" (Schwägerl 1996, S. 1). Anders ausgedrückt sind Projekte „Vorhaben mit definiertem Anfang und Abschluss, die durch die Merkmale zeitliche Befristung, Komplexität und relative Neuartigkeit gekennzeichnet sind" (Madauss 1994, S. 10; Boy/Dudek/Kuschel 1995, S. 20). Zusammengefasst machen ein Projekt aus:

- Einmaligkeit + Besonderheit (z. B. bestimmtes Risiko)
- Eindeutige Aufgabenstellung, Zielsetzung + eindeutiger Ergebnisausblick
- Feste Rollen und Verantwortlichkeiten für die Bearbeitenden
- Fester Anfangs- und Endtermin (zeitliche Befristung)
- Verschiedenartige in sich vernetzte/abhängige Teilaufgaben
- Begrenzter Ressourceneinsatz (Zeitbudget, Geld usw.)
- Spezifische am Vorhaben orientierte Organisation

Aus Einmaligkeit, Ressourcenbegrenzung und themenspezifischer Orientierung ergibt sich zugleich, dass laufende bzw. wiederkehrende Routinehandlungen in der Stammorganisation qua definitionem kein Projekt darstellen. So sind die Organisation eines Sponsoren-Events, einer Kunstausstellung oder Buchmesse, einer Dichterlesung, einer Theateruraufführung oder einer Konzerteröffnung Aufgaben mit Projektcharakter. Dem hingegen ist beispielsweise die turnusmäßige Verlängerung eines Konzertkarten-Abonnements ebenso wenig ein Projekt wie die Fortschreibung einer fragebogengestützten Besucherzufriedenheitsmessung. Wiederum kann die *erstmalige* Einführung von Besucherzufriedenheitsmessung und Abonnement-System als Zielgruppenbindungsmaßnahmen sehr wohl Projekt-charakter haben. Das bedeutet, dass es sich bei einer Projektverlängerung oder Wiederholung nur dann wirklich noch um Projekte handelt, wenn tatsächlich neue Aufgaben, Tätigkeiten oder Personen hinzukommen.

Zugleich ist die Projektierung einer Aufgabe nicht immer zielführende oder schlussendlich plausible Antwort auf die Frage nach dem geeigneten Lösungsweg. Professionelle Projektmanagement-Anwendung kann ebenso bedeuten, ein Projekt in der Früh- bzw. Vorplanungsphase bereits wieder einzustellen bzw. gar nicht erst zu beginnen. Viele Aufgaben lassen sich auch heute noch am effizientesten und effektivsten in der klassischen Stamm- und Ablauforganisation lösen und recht-fertigen keine Projektierung. Vor jedem Start ist daher zu prüfen, ob zur Lösung einer Aufgabe wirklich ein Projekt vonnöten ist (Tab. 1):

1.	**Eine klare Zielvorgabe/Zielvereinbarung liegt vor**	☐
2.	**Die Aufgabe ist eindeutig begrenzt**	☐
	a. Zeitlich: Fester Anfangs- und Abschlusstermin	☐
	b. Finanziell: Festgelegtes Budget	☐
	c. Personell: Feste Personalzuordnung	☐
3.	**Die Aufgabe ist klar abgegrenzt vom Tagesgeschäft**	☐
	a. Neuartigkeit der Aufgabe	☐
	b. Die Aufgabe impliziert ein gewisses Risiko	☐
	c. Komplexität der Aufgabe	☐
	d. Einmaligkeit der Durchführung	☐
4.	**Es gibt eine projektspezifische Organisation**	☐

Tabelle 1   Checkliste: Rechtfertigt die Aufgabenstellung ein Projekt?

Ein Projekt umfasst meist eine vergleichsweise innovative und risikobehaftete Aufgabe, die aufgrund ihrer Schwierigkeit und Bedeutung ein gesondertes Projekt-*Management* erfordert. Projektmanagement dient der gezielten, strukturierten und vorausschauend geplanten Lösung komplexer Aufgaben innerhalb eines zeitlich und ressourcenbezogen fest begrenzten (Projekt-)Rahmens. *Management* beschreibt hierbei zunächst ganz allgemein Tätigkeiten, die von Führungskräften in den Organisationsbereichen zur Erfüllung ihrer Führungsaufgabe zu erbringen sind. Hierzu zählen vor allem:

a) Planung: Problem- und Aufgabendefinition, Zielsetzung, Alternativenplanung und Entscheidung
b) Realisierung: Organisation, Information, Kommunikation, Motivation der Mitarbeiter und deren Koordination
c) Kontrolle und Controlling: Feed-back, Rückmeldung, Soll/Ist-Vergleich für die weitere Planung und Steuerung

Entsprechend umfasst *Projekt*management die Gesamtheit von Führungsaufgaben, Führungsorganisation, hierzu notwendigen Strukturen, Techniken, Methoden und Hilfsmitteln für die Abwicklung eines Projektes (DIN 69901). Hierzu zählt, sich auf dem Vorwege eines geplanten Projekts anhand der Lage und des Ziels bewusst Gedanken um wesentliche Erfolgsfaktoren auf dem Weg vom IST zum SOLL zu machen, diese konzeptionell festzuschreiben, in Form eines logischen und machbaren Ablaufs zu strukturieren und unter Einhaltung bestimmter gemeinsamer Rollen und Regelungen konsequent abzuarbeiten. – Welche Unterschiede gibt es hierbei zwischen ,klassischem' und *Kultur*-Projektmanagement? Und welchen Vorteil kann die Methode dann der Kulturorganisation bringen?

2.2 Nutzen und Grenzen methodischen Kultur-Projektmanagements

Projektmanagement im Kulturbetrieb ist zumindest sprachlich ein vergleichsweise neues Phänomen. Die Arbeit in Kulturprojekten und die Anwendung ,klassischer' Managementmethodik stehen hierbei keineswegs im Widerspruch zueinander, denn die Kernprinzipien des Projektmanagements sind anwendungsneutral, also branchen-, tätigkeits- und organisationsunabhängig übertragbar. Allein Projektgröße und Spezifizierung bestimmen über die jeweilige Anpassung der einzelnen genutzten Managementverfahren. Somit ist aus methodischer Sicht eine Trennung von Kultur- und anderen Projekten unsinnig. Ein Projekt ist zunächst einmal ein Projekt (Bemmé 2006, S. 3).

Kulturprojektmanager/innen können sich hierbei durchaus mit gestärktem Selbstvertrauen positionieren. Denn auch wenn es traditionell die gewinnorientierten Wirtschafts- und Gesellschaftssegmente, inklusive des Militärs, der Autoindustrie, der Energieversorgung, Telekommunikation und Raumfahrt, sind, denen Fortschritt und Entwicklung, Professionalisierung und Wachstum zugesprochen werden, so ist die Projektierung von Arbeitsaufgaben in Bereichen des kulturellen Schaffens absolut gleichberechtigt und das künstlerisch- und kulturell-kreative Schaffen in Projekten eine feste Arbeitsform bzw. ein selbstverständlicher Lebensentwurf für viele Kulturakteure. Viele kulturspezifische Aufgaben und Prozesse wären in klassischen Ablauf- und Stammorganisationsstrukturen schlichtweg unlösbar. Dies gilt erst recht für Großprojekte im Kultursektor und deren oftmals enge Vernetzung mit lokalen, regionalen oder auch internationalen kultur-, gesellschafts- und wirtschaftspolitischen Zielen.

ⓘ **Praxisbeispiel RUHR.2010**

Wandel durch Kultur – Kultur durch Wandel. Unter diesem Motto ging am 11.04.2006 der Titel ,Kulturhauptstadt Europas' an die Stadt Essen (,Essen für das Ruhrgebiet'). Bereits das Motto verdeutlicht Großprojektcharakter und breiten Vernetzungsgrad, der die RUHR.2010 begleitet und mit der spezifischen Region und ihrer laufenden Entwicklung bzw. Neustrukturierung verbindet. Mit Unterstützung und Motor-Funktion der hierbei zugleich das Risiko wie den potenziellen Imagegewinn tragenden Kultur- und Kreativwirtschaft sollten als Teil des Neudefinitionsversuchs der Ruhr-Region unter anderem Stadt- und Regionalentwicklung gestärkt werden. Aus Vision und Ergebniszielen leiten sich so vielfältige Teilziele, Aufgabenstellungen und Maßnahmenoptionen ab, dass neben der Einmaligkeit des Anlasses, der Aufgabenkomplexität und angesichts der Tragweite des Ausgangs ein dezidiertes Kultur-Projektmanagement unabdingbar ist. Projekt und Managementanforderungen können sich hierbei ohne weiteres mit klassisch-gewinnorientierten Großprojekten messen – und müssen dies zugleich auch.

Projektmanagement ist wie letztlich alle Management- und Systematisierungsansätze alleinstehend kein Garant für Erfolg, kein beliebiges Allheilmittel oder selbst die Lösung, sondern nicht mehr – aber auch nicht weniger – als eine Methode, also ein System bzw. Hilfskonstrukt zur effizienten Zielerreichung, vor allem verglichen mit einem „ungeplanten, operativen ,Durchwursteln" (Steinle 1998, S. 23). Dass die Methode immer nur unterstützen kann, ist gerade bei der Lösung besonders schwieriger Aufgaben zu bedenken. Wissen und Anwendungssicherheit in Bezug auf das Management von Projekten sind von Vorteil und erhöhen die effiziente wie konstruktive Lösungswahrscheinlichkeit, dennoch bleiben unlösbare Probleme trotz Projektmanagement-Einsatzes potenziell unlösbar. Projektmanagement-Kompetenz sollte aus sich heraus kein Anlassgeber für überschwängliche Euphorie oder aber eine Barriere sein oder gar übersteigerte Ehrfurcht gegenüber ausgebildeten Projektmanager/innen auslösen. Berührungshemmnisse gegenüber eher wirtschaftlich geprägten Managementansätzen sind generell unangebracht, denn ,gutes' Management schafft letztlich neuen Raum für Kultur (Hopf 2008, S. 111).

Projektmanagement „spart dem Unternehmen Zeit und Geld und vermittelt den Beteiligten eine höhere Zufriedenheit mit der eigenen Arbeit" (Boy/Dudek/ Kuschel 1995, S. 13). Es erfüllt insofern eine Brückenfunktion zwischen der unternehmerisch-strategischen und der Ausführungsebene (Steinle 1998, S. 26;

Madauss 1994, S. 21 ff.), d. h. will Mittler zwischen unterschiedlichen Organisations-
ebenen sein. Wesentlicher Nutzen ist die Möglichkeit, das Know-how einzelner
Spezialisten und Zulieferer zusammenzuführen. Arbeiten werden nicht mehr ausschließlich hintereinander (sequentiell), sondern soweit möglich parallel (simultan)
und in direkter Kommunikation miteinander erledigt (Boy/Dudek/Kuschel 1995,
S. 13). Beispielhaft übertragen auf eine Museumsausstellungseröffnung: Während
Restaurateure und Präparatoren noch Feinheiten an einzelnen Ausstellungsstücken
optimieren, platzieren Dekorateure und Innenarchitekten bereits die ersten Werke,
die Museumspädagogen spielen den Führungsablauf durch und das Marketing
arbeitet bereits an der strategischen Ergebnisweiterverwertung der geplanten
Besucherzufriedenheitsbefragung. Solch paralleles, ineinander verschränktes und
direkt-kommunizierendes Vorgehen ermöglicht einen höheren Transparenzgrad
bezüglich Inhalt, Art und Weise sowie Ergebnis der jeweiligen Arbeit; die Aus-
wirkungen der eigenen (funktionalen) Entscheidungen und Handlungen auf andere
Funktionen liegen offen (Boy/Dudek/Kuschel 1995, S. 13). Auf diese Weise nehmen
Informationsqualität, Tätigkeitsvernetzung sowie Tätigkeitsidentifikation der Han-
delnden zu und lässt sich eine Vielzahl von Problemen im Vorfeld erkennen und
frühzeitig ausräumen. Zudem ermöglicht diese Form der Arbeit den individuell
Beteiligten, über den Tellerrand der eigenen Beschäftigung, Spezialisierung und
Tagesroutine zu blicken.

ⓘ **Praxisbeispiel Standortgutachten Live-Musik-Clubs Hamburg St. Pauli**

Auf Initiative der Bezirksversammlung Hamburg Mitte wurde im Jahr 2006
ein Standortgutachten zur Live-Musik-Club-Szene rund um die Hamburger
Reeperbahn in Auftrag gegeben. Ziel des Gutachtens war die IST-Analyse
des Live-Musik-Club-Standorts St. Pauli. Die Ergebnisse sollten dazu dienen,
Handlungsempfehlungen für die relevanten Standortbeteiligten (Betreiber,
Verbände und Vertretungen, Politik, Bezirksverwaltung, Marketinggesell-
schaften, wirtschaftliche Interessengruppen usw.) abzuleiten. Zusätzlich waren
die betroffenen Akteure als Multiplikatoren für eine dauerhaft konstruktive
Zusammenarbeit zu gewinnen, um so Ausgangsbasis, Perspektiven und An-
reize für einen anschließenden Entwicklungsprozess zu schaffen. – Durch
ein gezieltes Projektmanagement, das die vielfältigen Betroffenengruppen
bewusst in den Gutachtenprozess integriert und auf dem Wege der kollektiven Projektzusammenarbeit vorhandene Hemmschwellen und gegenseitige
Widerstände überbrückt, wurde aus dem Gutachten heraus ein anhaltender
Verbesserungsprozess möglich. Ohne gezielte Integrationsmaßnahmen (Zu-
kunftsworkshop, Einrichtung gemeinsamer Besprechungsroutinen, gemeinsame
Problemlösungsstrategien usw.) hätten die ursprünglich teilweise diametral

gegensätzlichen Einzelinteressen und Wahrnehmungen der unterschiedlichen Betroffenen eine Zusammenarbeit nahezu unmöglich gemacht. Die Akteure hatten bis zum Zeitpunkt des Gutachtenprozesses noch nie alle gemeinsam an einem Tisch gesessen und somit nur geringe Kenntnis über die sich real vielfach überschneidenden Gemeininteressen.

Durch das Denken und Handeln in Zusammenhängen über die Grenzen des Organisationsalltags und der eigenen Spezialisierung hinaus lassen sich ‚Insellösungen‘ vermeiden. Im Idealfall werden gegenseitiges voneinander Lernen sowie Akzeptanz und Wertschätzung, bezüglich der Beiträge *aller* Beteiligten, gestärkt. Projektmanagement ist somit zwangsläufig fester Bestandteil der ‚lernenden Kulturorganisation‘; umgekehrt verlangt seine erfolgreiche Anwendung kontinuierliches Voneinanderlernen der Beteiligten. Gezieltes Kultur-Projektmanagement kann ebenso dazu dienen, Entwicklungsprozesse in Kulturorganisationen zu initiieren. Dennoch sind Projektmanagement und Organisationsentwicklung nicht automatisch das Gleiche.

2.3 Notwendige Kulturorganisationsentwicklung

Jede Kulturorganisation verändert sich – ob sie es will oder nicht. So haben externe, mit massiven Finanzierungseinschnitten einhergehende Interventionen seit den 90er Jahren bis heute mit dazu geführt, dass sich der Beschäftigungstrend im Kultursektor verschoben hat – von einst rund zwei Drittel abhängig Beschäftigten hin zu rund der Hälfte in selbstständiger/freiberuflicher Tätigkeit (Kultur und Management im Dialog, S. 10). Trotz aller Gründungseuphorie im Kultursektor ist davon auszugehen, dass dieser Sprung nicht immer freiwillig und ohne Rückschläge verläuft. Mitverantwortlich ist ein Organisationsmanagement, das im Angesicht des Wandels zu zögerlich handelt, wodurch die Organisation träge, passiv-reagierend und letztlich von der Umwelt (Wettbewerb, Besucherverhalten, Alternativangebote usw.) fern- bzw. fremdgesteuert wird. Veränderung wird überwiegend von außen vorgegeben, man reagiert nur auf bereits Eingetretenes. Dies führt zu eher kurzfristigen und nur vermeintlich pragmatischen organisationsinternen Managementhandlungen. Wird Organisationsveränderung von außen vorgegeben, so mündet sie wahlweise in lediglich marginalen (langfristig unwirksamen) Anpassungen des bereits Bestehenden oder in überstürztem (intern nicht tragfähigem) Aktionismus (Restrukturierung). Akuter Handlungs- und Leidensdruck sind höher als in proaktiven, bewusst und kontinuierlich betriebenen internen Entwicklungsprozessen, die auf gemeinsamem Konsens fußen. Geschieht Veränderung ohne Beteiligung der davon Betroffenen, ist sie grundsätzlich umso unbeliebter, weniger gewollt und wird als größere Störung, Belastung oder als Bedrohung empfunden. Wenngleich grundsätzlich jede Veränderung Chancen birgt, führt von außen diktierter Wandel zwangsläufig zu größerer Frustration und besonders hohem Veränderungsleid bei den Betroffenen.

Je behüteter und klarer strukturiert – d. h. zugleich weniger flexibel und beweglich – eine Organisation ist, desto schwerer fällt Veränderung (Fischer 1991, S. 243 f.; Migge 2005, S. 424). Umso wichtiger werden Interaktion, Handlungstransparenz und Vernetzung auch innerhalb vormals eher abgeschotteten und auf Bestandswahrung ausgelegten Kulturbetrieben. Weil das Organisationsumfeld heute grundsätzlich nicht mehr stabil, sondern äußerst dynamisch ist, müssen Arbeitsformen eingesetzt werden, die flexibles, schnelles Handeln unter solchen Gegebenheiten ermöglichen. Nutzen Kulturorganisationen Veränderung aktiv und bewusst zur kontinuierlichen Verbesserung ihrer Leistung und Positionierung, so spricht man von gezielter Kulturorganisationsentwicklung. Diese bietet Chancen insbesondere für kleine und mittlere Kulturanbieter, da grundsätzlich erfolgreiche Veränderungsimpulse und Innovationen vor allem aus kleinen und mittleren Organisationsgrößen hervorgehen (Boy/Dudek/Kuschel 1995, S. 12). Zudem sind es traditionell Kunst und Kultur, die als Katalysator für gesellschaftlichen Wandel fungieren können, maßgeblich über eine veränderte Angebotsart – weg vom tradiert feststehenden und hin zu einem eher beweglichen dienstleistungsorientierten Selbstverständnis (Mandel 2007, S. 18).

Kontinuierliche Organisationsentwicklung ist keine exklusive Aufgabe oder Domäne privater bzw. gewinnorientierter Großbetriebe und Konzerne. Sie ist vor allem für viele öffentliche, Non-Profit- und Kulturorganisationen eine zielführende Überlebensstrategie und Chance, ihrerseits wesentliche Impulse in Wirtschaft und Gesellschaft zu setzen und diese innovativ wie positiv zu beeinflussen – statt umgekehrt von den Rahmenbedingungen anderer gelenkt zu werden. Für jede Organisation gilt gleichermaßen, dass auf Dauer nur die Organisation erfolgreich sein wird, die sich schnell und flexibel den ständig wechselnden Marktbedingungen anzupassen versteht (Boy/Dudek/Kuschel 1995, S. 12). Idealtypisch greift der Kulturbetrieb seinem Markt gezielt vor, wirkt selbst prägend auf Marktvoraussetzungen und künftige Entwicklungen und stellt durch gezieltes Kulturmarketing organisationsspezifische Wettbewerbsvorteile durch Alleinstellung sicher (Günter/Hausmann 2009, S. 12 ff.).

ⓘ Praxisbeispiel Stiftungsbewerber-Auswahl

Der Bundesverband Deutscher Stiftungen urteilt hinsichtlich der Serviceorientierung seiner Mitglieder in Richtung von Bewerbern, dass „mangelnde Kommunikation einer Stiftung keine anerkennenswerte Bescheidenheit, sondern zumeist eine Beschneidung von Möglichkeiten" bedeutet (Bundesverband Deutscher Stiftungen 2008, S. 130), beispielsweise wenn stiftungsseitig auf Begründungen für Antragsablehnungsbescheide verzichtet wird. – Eine Stiftungsorganisation verpasst damit nicht nur die Chance, sich mit dem positiven Image hoher Professionalität zu positionieren, sich vom Wettbewerb abzusetzen und zu einem späteren Zeitpunkt noch ergebnisreich mit dem Bewerbenden zusammenzukommen; vielmehr läuft die Organisation sogar Gefahr, dass despektierlich behandelte oder sich als solche empfindende Bewerber/innen anschließend ihre Negativerfahrungen verbreiten.

2.4   Projektmanagement als Teil der Kulturorganisationsentwicklung

Aufgrund der Dringlichkeit und Komplexität vieler Aufgabenstellungen rückt die Projektarbeit als Lösungsinstrument immer weiter in den kulturbetrieblichen Vordergrund. In Organisationsalltag und Organisationsentwicklung spielt der Einsatz von Projektmanagement-Methoden eine zunehmend bedeutsame Rolle. Die Mehrzahl von Interventionen in Organisation und Prozesse werden heutzutage zunächst projektiert, u. a. weil Projektteams dazu prädestiniert sind, losgelöst von Fachbereichssachzwängen Neuland zu erschließen. Jedoch ist Projektmanagement nicht vorschnell mit Organisationsentwicklung bzw. Change Management gleichzusetzen, denn nicht jede Anwendung von Projektarbeit oder deren bewusstes Management impliziert eine tatsächlich vollumfängliche Organisationsentwicklung. Vielmehr kann es sein, dass die Projektmanagement-Einführung eine ebensolche Organisationsentwicklung selbst erst voraussetzt (Madauss 1994, S. 433 ff.), ein Kulturbetrieb also zunächst durch eine bewusste Entwicklung die Voraussetzungen für erfolgreiches Projektmanagement schaffen muss.

Veränderungs- bzw. Change Management beinhaltet die Steuerung eines umfassenden und übergreifenden Prozesses von (nachhaltiger) Veränderung und Entwicklung der *gesamten* Organisation. Projektmanagement ist Hilfsmittel zur Prozess-Steuerung oder organisierte Unterstützungsmethode für die Ablauforganisation. Anders als mitunter postuliert (u. a. Klein, 2008, 18), dient oder führt nicht jede Einzelanwendung von Projektmanagement dazu, dass die gesamte Organisation bewusst verändert wird. Während Change Management sich von vornherein anschickt, einer Organisation ganzheitliche Wege aufzuzeigen, aus sich selbst heraus zu völlig neuen Arbeitsstrukturen zu finden und diese selbsttragend weiterzuentwickeln (exemplarisch Küpper 2008, S. 48 ff.; Schoop 2008, S. 96 f.), bleibt Projektmanagement lediglich eine Arbeitsweise. Organisationsentwicklung ist die gleichzeitige, bewusste, gezielte sowie nachhaltige bzw. kontinuierlich fortgeführte Veränderung der interdependenten Elemente: Organisation (Ziele und Strategie), Menschen (Qualifikation, Motivation und Verhalten) und Systeme (Methoden und Prozesse).

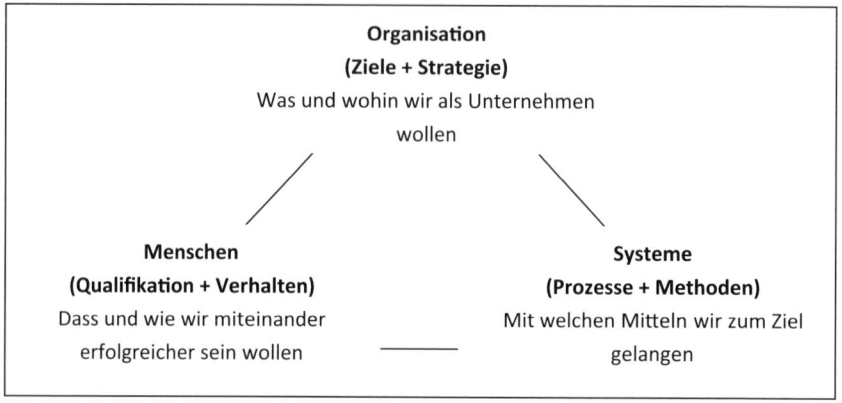

Abbildung 1   Variablen organisationsinterner Zusammenarbeit

Organisationsentwicklung beeinflusst damit automatisch immer und immer *gewollt* das Gesamtunternehmen und alle seine (in Abb. 1 dargestellten) Variablen. Systeme sind hierbei nur eine von drei Variablen und umfassen Unterstützungsfaktoren zur alltagsbezogenen praktischen Abarbeitung unternehmensrelevanter Aufgaben, wie etwa Management-/Kommunikationsverfahren (Zielvereinbarungs-, Besprechungs-, Feed-back-, Informationssysteme usw.) – oder eben auch Projektmanagement. Organisationsentwicklung ist ein eher „längerfristig angelegter, organisations-umfassender Entwicklungs- und Veränderungsprozess von Organisationen und der in ihnen tätigen Menschen. Der Prozess beruht auf dem Lernen *aller* Betroffenen durch direkte Mitwirkung und praktische Erfahrung. Sein Ziel besteht in einer gleichzeitigen Verbesserung der Leistungsfähigkeit der Organisation (Effektivität) und der Qualität des Arbeitslebens (Humanität)" (Weidner 1992, S. 184; English/ Pischetsrieder 1996, S. 35 ff.).

Projektmanagement ist demgegenüber qua Projektcharakter zeitlich fest begrenzt (fester Anfangs- und fester Abschlusszeitpunkt) und bedeutet meist planerisch-strukturelles Arbeiten. Projektmanagement duldet streng genommen *keinerlei Ergebnisoffenheit*, sondern erfordert Zielgenauigkeit und absolute Zieltreue. Veränderungsmanagement und Organisationsentwicklung umfassen hingegen die kontinuierliche Entwicklung der Selbststeuerungsfähigkeit einer Organisation im Rahmen von in Teilen *ergebnisoffenen* gesamtorganisationsverändernden Prozessen und verlangen somit oftmals die Arbeit mit Ziel*kanälen* (Bemmé 2006, S. 4; Weidner 1992, S. 183 ff.). Während Change Management bzw. Organisationsentwicklung demnach den Fokus auf die oftmals erst mittelfristig ablesbare Erfolgssteigerung legt (Outcome), ist die Anwendung von Projektmanagement immer auch auf die Gewährleistung kurzfristiger Leistungssteigerung (Output) ausgerichtet. Insbesondere die kompetente Anwendung von Projektmanagement bedient somit das starke Bedürfnis nach belegbaren Leistungserfolgen innerhalb des Sozial-, Kultur- und Medienbereichs.

Als ein wesentliches Werkzeug innerhalb der Weiterentwicklung kann der Einsatz von Projektarbeit und Projektmanagement gleichwohl zu einer ebensolchen zwischenzeitlichen Unruhe in der Organisation führen, wie Change Management bestrebt ist, einen Zustand gesteuerter Unruhe dauerhaft herzustellen. Aufgrund des interdisziplinären Arbeitsansatzes kommt es auch bei der Einführung von Projektmanagement oftmals (und notwendigerweise) zumindest zu einer vorübergehenden organisatorischen Änderung und temporären Neufestlegung der Machtverhältnisse im Unternehmen. Das heißt, potenziell ist jedes Projekt „ein betrieblicher Unruheherd" (Madauss 1994, S. 10). Weil dies für jede Kulturorganisation ein gewisses Stabilitätsrisiko bedeuten kann, soll im Folgenden auf die wesentlichen Erfolgsfaktoren des Kultur-Projektmanagements eingegangen werden. Hierzu sind vor allem die Fragen zu beantworten: Welche strukturellen und welche menschenbezogenen Faktoren nehmen Einfluss auf die Prozess- und Ergebnisqualität von Kulturprojekten? Und wie gelingt es, für das Vorhandensein der entsprechenden Erfolgsfaktoren zu sorgen?

3 Erfolgsfaktor Mensch im Kultur-Projektmanagement

3.1 Erfolgsfaktor Individuum

Haupterfolgsfaktor im Projekt sind die projekttragenden Akteure, sprich die projektbeteiligten Menschen. Sie sind es, die Kulturprojekte und Projektprozesse initiieren, planen und durchführen. Die grundsätzliche Kraft des Projektmanagements resultiert letztlich aus der Kombination von zielgerichteter Denkweise, verknüpft mit dem Integrationsgedanken, also aus der gezielten Beteiligung aller sach-, themen- wie prozessbezogen relevanten Personen (Madauss 1994, S. 14). Dies ist in der Kulturprojekt-Realität nicht immer einfach umzusetzen, insbesondere wenn neben direkten Akteuren auch Ergebnisprofiteure (z.B. Rezipienten, Besucher) oder indirekt Ergebnisbetroffene mit zu beteiligen sind.

ⓘ **Praxisbeispiel Standortgutachten Live-Musik-Clubs Hamburg St. Pauli**

Im Rahmen der Gutachtenerstellung zum Live-Musik-Club-Standort Hamburg St. Pauli wurde 2006 ein Integrationsworkshop mit den Hauptzielgruppen des Gutachtenprozesses durchgeführt. Hierzu wurden u.a. die ansässigen Clubbetreiber, Vertretungen aus Bezirkspolitik, Bezirksamt, Behörden, Interessengruppen sowie Wirtschafts- und Kulturverbänden eingeladen. Ziel war es, eine gemeinsame Kommunikations- und Aktionsplattform für die spätere Regelkommunikation und Aufgabenbewältigung zu schaffen. Da die (idealtypische) persönliche Integration auch *indirekter* Adressaten (Anwohnervertretungen, Großunternehmen, lokale Unternehmerpersönlichkeiten, peripher betroffene Betreiber usw.) innerhalb der organisatorischen Rahmengegebenheiten nicht realisierbar war, wurden stattdessen die hauptverantwortlichen politischen Akteure in entscheidungs- und arbeitsfähiger Gruppengröße bedacht, um so die Mehrheit der Meinungen, Stimmungen und informellen Standpunkte im Stadtteil so exakt wie möglich abzubilden. Aussagekraft zur Gesamtsituation sowie realitätsnahe und umsetzungsfähige Maßnahmenempfehlungen innerhalb des Gutachtens wurden zusätzlich durch flankierende Fokusgruppen- und Einzelinterviews sowie Quellen- und Dokumenten-Analyse abgesichert.

In Projekten entscheiden Informationsgrad und Informationsbereitschaft der Beteiligten wesentlich über die Ergebnisqualität. Der große Vorteil gezielter Projektarbeit, nämlich das Zusammenführen unterschiedlichen Spezialisten- und Expertenwissens und ihnen zugrundeliegender Fachinformationen, ist jedoch immer auch potenzielles Einfallstor für Dissens zwischen den individuell Beteiligten (Madauss 1994, S. 14 ff.). Der Vorzug, dass verschiedene Menschen über einen begrenzten Zeitraum zusammenkommen, um gemeinsam an einem gemeinsamen Ziel zu arbeiten, hat den Preis, dass Interessenlagen zwischen Projektbeteiligten, etwa bezüglich der Integration bestimmter Informationen, uneinheitlich sein können und so nicht immer automatisch *alles* Eingang findet; für die Einen ist etwas relevant, wertvoll oder erwünscht, für andere wiederum ist es weniger relevant, weniger wertig oder unerwünscht. Verknüpft mit individueller Beharrlichkeit, latenten oder offenen Einzelinteressen sowie zudem oft gegebenen interpersonellen Abhängigkeiten (Vorgesetzter–Mitarbeiter, Politiker–Fraktion, Budgetnehmer–Finanzier usw.) tragen die projektbeteiligten Akteure somit gleichermaßen zum schlussendlichen Grad der Ergebnisqualität bei. Der wichtigste Erfolgsfaktor ist so zugleich auch größtes Risikopotenzial im Kulturprojekt. Die größte Stärke eines Projektteams, nämlich Diversität und potenzielle Interdisziplinarität seiner Individuen, wird schnell zur größten Schwäche, wenn es darum geht, Aufgaben tatsächlich *gemeinsam* zu bewältigen und alle vorhandenen Informationen und Wissensbestände hierfür offenzulegen. Woran liegt es, dass viele Projektgruppen trotz des Wissens um diesen Engpass (und somit die Interventionsmöglichkeit) oft sehr unterschiedliche Ergebnisse erzielen?

3.2 Selektive Wahrnehmung – der zwischenmenschliche Engpass

Idealtypisch werden einzelne Projektaufgaben oder zusammenhängende Aufgabenkomplexe an einen ausgewiesenen Experten bzw. eine ausgewiesene Expertin auf dem jeweiligen Spezialgebiet delegiert. Zugleich kann jedoch gerade eine besonders stark ausgeprägte fachliche Spezialisierung auch prozesshemmende, ergebniseinschränkende bzw. begrenzende Wirkung haben. Der Grund: Basis und zugleich Begleitumstand fachlicher Spezialisierung sind jeweils persönliche Neigungen, Gewohnheiten und Interessen der jeweiligen Informations- und Wissensträger/innen. Hierzu zählen auch fachliche wie persönliche Verständnismuster bzw. gefestigte „Denkfiguren" (Dörner 2009, S.27), die sich im Rahmen der individuellen Entwicklung und Ausbildung ausprägen und dazu führen, einen themenbezogen intensiveren und selbstverständlichen Zugang zu einem bestimmten Inhalt oder Fachgebiet zu erlangen, die zugleich für Nicht-Experten schwer zugänglich bleiben. Es fällt leichter, sich dem zu öffnen, das man bereits kennt oder das dem eigenen Wahrnehmungs-, Denk- und Glaubensmuster am ehesten entspricht. Umgekehrt führen emotionale oder sachbezogene Festlegungen dazu, dass der Zugang schwerer fällt, sobald der Betrachtungsgegenstand dem eigenen Denk- und Wahrnehmungsverhalten fremd ist oder den eigenen Glaubenssätzen widerspricht. Ob es leichter oder schwerer fällt, sich bestimmte Inhalte zu erschließen, lässt sich u. a. auch neurophysiologisch bzw. neuropsychologisch an der von Mensch zu Mensch unterschiedlichen Nutzung verschiedener Hirnregionen belegen. Das menschliche Gehirn ist je nach persönlicher Veranlagung und Einsatzgewohnheit von Mensch zu Mensch unterschiedlich vernetzt. Wo die neuronale Vernetzung lokal höher ist, liegen – sehr vereinfacht ausgedrückt – bessere Voraussetzungen für den Zugang zu bestimmten themen- bzw. tätigkeitsspezifischen Verarbeitungsprozessen. Die famose Technikerin und Analytikerin nutzt automatisch und effizienter andere (besser geübte bzw. vernetzte) Teile ihres Hirns als etwa der kreative Visionär oder die improvisierende Musikerin. So erklärt sich auch, dass ausgeprägte Visionäre oder ‚kreative Köpfe' sich oft schwerer damit tun, ihre Ideen und Visionen für das Übermorgen in prägnante Strategien und planerisch-strukturierte Umsetzungsmaßnahmen für das Jetzt zu übersetzen, als dies etwa bei eher strategisch versierten Menschen der Fall ist. Für die genannten Fähigkeiten sind jeweils unterschiedliche Hirnregionen verantwortlich (ausführlich: Herrmann 1991; Roth 1997; Dörner 2009).

ⓘ Praxisbeispiel Gründungsbegleitung

Planungs- und Gründungsprozesse von Galerien, Kunstateliers, kreativen Start-Ups, lokalen soziokulturellen Initiativen o. ä. zeigen deutliche Überschneidungen bei den jeweiligen Handlungsengpässen bzw. Handlungsblockaden der Akteure. Während es den Beteiligten meist weder an ideellen Werten noch an Kreativität mangelt, was gewollt ist, wozu es dienen soll, was und wie es getan werden könnte, folgen schlussendliches Nicht-Handeln oder Scheitern oft in der methodischen bzw. strukturierten Übersetzung der Vision und Idee in reale, machbare Ziele und zweckdienliche Maßnahmen, die zur Erreichung dessen führen, was gewünscht ist. Dies mündet bisweilen im Aktionismus, sprich die vorhandene Energie wird ohne klare Linie eingesetzt, im Resultat steht nicht selten wirtschaftlicher Verlust. Das Vorhaben scheitert schon kurz nach der ersten Durchführungsperiode, weil zuvor vergessen wurde darüber nachzudenken, wie über den Start hinaus oder bei potenziell ausfallenden Verkäufen von Werken die laufenden direkten und indirekten Kosten gedeckt werden; oder weil die Verkaufs-, Erlös- und Ertragserwartungen überhöht oder die tatsächlichen Kosten und deren einnahmenabhängige wie unabhängige Zuwächse (Steuern, Versicherungen, KSK, Mieten, Material, Reise- und Nebenkosten usw.) unbekannt waren.

Analytisch-strukturierend veranlagten Menschen fällt es umgekehrt oft schwerer, eine Vision, ein Szenario oder Idealbild des Übermorgens zu beschreiben, als vorliegende Informationen in eine zielführende Handlungsreihenfolge zu bringen. Stärker logisch-analytisch veranlagten Menschen, z. B. einem Mathematiker, Statistiker oder Kennzahlen affinen Betriebswirt fällt es möglicherweise leicht, Logiklücken in einer kausalen bzw. auch hoch-abstrakten Denkkette aufzuspüren, jedoch manchmal schwerer, sich auf die reale Unwägbarkeit zwischenmenschlich-sozialer bzw. emotionaler Bindungen und Beziehungen einzustellen.

---

① Praxisbeispiel Doppelspitze im Kulturbetrieb

Werden Funktionen in einer Kulturorganisation gemäß fachlicher Neigung, Expertise und Kompetenz der Stelleninhaber/innen besetzt, ist die Wahrscheinlichkeit vergleichsweise hoch, dass beispielsweise künstlerische mit kaufmännischen Akteuren quasi automatisch häufiger auf (latentem oder offenem) Konfliktkurs befindlich sind, als dies der Fall wäre, kämen sie aus der gleichen Fachdisziplin. Dies liegt weniger in der Sachlage als solcher begründet, sondern vielmehr in den neigungs- und tätigkeitsgemäß unterschiedlichen Interpretationen identischer Sachverhalte. So wird ein analytisch-rationaler Betriebswirt, trotz vielleicht gleicher grundsätzlicher Affinität zur Arbeit im Kulturbetrieb, zu einer anderen Interpretation einer Sachlage (z. B. den aktuellen Besucherzahlen) kommen als vielleicht eine gestaltungsverantwortliche Programmdirektorin. Gleiches kann künstlerischen Leitungsdoppeln, Mehrpersonenspitzen oder einer Regisseurin und einem Dramaturgen zustoßen, sobald die jeweiligen künstlerischen Grundauffassungen zu weit voneinander entfernt liegen. Wenn unterschiedliche Expertise, Neigung und Meinung aufeinandertreffen, bedeutet dies insbesondere dort Konfliktpotenzial, wo von vornherein eine starke emotionale Nähe zum Kernbetrachtungsgegenstand (z. B. künstlerischer Inhalt, Kulturverständnis) vorliegt.

Anders ausgedrückt verstellt eine einseitig ausgeprägte Neigung oder Expertise somit zugleich den Blick bzw. Zugang zum Umgebungsgeschehen. Für die Arbeit (nicht nur) in Kulturprojekten ist jedoch beides gleichermaßen von Bedeutung. Nur wer im Projekt auch den Blick für das große Ganze behält, wird die erfolgskritischen Abhängigkeiten und Rückkoppelungen zwischen Projektinnenwelt und Projektumfeld wahrnehmen und zielführend berücksichtigen können (Boy/Dudek/Kuschel 1995, S. 19). Ein einseitiger Hang zum Generalismus (den Überblick behalten) blockiert umgekehrt oft den Zugang zu fachspezifischen Feinheiten (den Durchblick haben). So wird es die meisten Generalisten Mühe kosten, bei jeder Fachfrage bis ins feinste Detail einzutauchen.

Anzunehmenderweise folgt *jeder* Mensch festen Automatismen, statt tatsächlich überwiegend ‚realistisch' zu observieren, zu analysieren und zu abstrahieren. Er wird letztlich gelenkt von persönlichen Realitäts- und Umweltannahmen, sprich einer eigenen Wirklichkeit (Roth 1997, S. 314 ff.; Dee 2007, 22 ff.). Menschen sind zudem wertegelenkte Geschöpfe, d. h. haben qua individueller (im Wesentlichen bereits frühkindlicher) Sozialisation bestimmte Vorstellungen zu Grundwerten wie ‚gut' und ‚schlecht', ‚richtig' und ‚falsch', ‚schön' oder ‚hässlich'. Die jeweilige Interpretation, was davon wo anfängt und wo aufhört, bzw. was situativ welche Reaktion zur Folge haben sollte, ist individuell verschieden. Was die Eine für zwischenmenschlich in Ordnung befindet, kann für den Anderen unmoralisch und unethisch sein. Was manchen zu schnell geht, geht anderen zu langsam.

Unterschiedliche Neigungen, Werte und Erfahrungshintergründe, Sichtweisen und emotionale Bindungen münden in fest manifestierten Interpretationen von ‚Realität', d. h. machen menschliche Wahrnehmung mit zunehmender Entwicklung ab dem Kindesalter immer selektiver. Gleichzeitig werden Reaktionen auf Bekanntes und Unbekanntes ritualisiert. Um schnell und unaufwendig mit bekannten wiederkehrenden Situationen zurecht zu kommen und zugleich aufnahmefähig für die vielen lebenslang einwirkenden Informationen zu bleiben, werden Reaktionen unbewusst automatisiert und kommen mittels immer wiederkehrend gleichen oder zumindest ähnlichen Verhaltens in bestimmten Situationen und in der Art und Weise, wie mit der Umwelt kommuniziert wird, zum Ausdruck. Als Gewohnheitswesen entwickelt jeder Mensch so mit der Zeit persönliche Wahrnehmungs- und Reaktionsstandards; sie beschreiben zugleich die persönliche ‚Betriebsblindheit' und Engstirnigkeit, d. h. die Einbildung bzw. Selbsttäuschung, die Lebensumwelt wäre viel weniger kompliziert, als es in Wirklichkeit der Fall ist (ausführlich: Herrmann 1991; Roth 1997; English/Pischetsrieder 1996; Dörner 2009).

Dieser Mechanismus selbstorganisierter Überlebensfähigkeit auf dem Wege kognitiver Übersimplifizierung führt im Alltag dazu, dass bestimmte Umweltinformationen bei der Wahrnehmungsverarbeitung unbewusst ausgeblendet, gefiltert oder aber vorhandene und nicht *wirklich* vorhandene Informationen direkt anderen (kognitiv bereits vorinterpretierten) Informationen zugeordnet und mit ihnen durchmischt werden. Man nennt dieses Phänomen auch ‚pattern recognition' (‚Muster-Erkennung'), also die automatische Erkennung bzw. Übersetzung in Form von Mustern, welche Menschen selbst dort zu erkennen glauben, wo sie real nicht vorhanden sind. Anders ausgedrückt: Das Interesse steuert die menschliche Wahrnehmung. Das heißt, jeder Mensch entwickelt bis zu gewissem Grad seine eigene Wahrnehmung und Interpretation von Realität und strebt unbewusst danach, sein Wissen darüber – streng genommen lediglich seinen *Glauben* daran – möglichst oft bestätigt zu sehen (‚hab ich ja gleich gesagt'). So entsteht einerseits das (überlebenswichtige) Gefühl von Sicherheit, also die Illusion, sich in der eigenen (eigentlich überkomplexen) Lebensumwelt auszukennen und zurecht zu finden;

andererseits wird die Welt nur unvollständig erlebt und man tut sich schwer, Dinge zu erkennen oder zu akzeptieren, die man aus Selbsterhaltungsgründen gewohnt ist zu ignorieren. Je geringer die Kompatibilität wahrgenommener, vorgefilterter, vorinterpretierter Inhalte sowie unterschiedlicher Bewältigungsroutinen zwischen den Beteiligten ist, desto höher ist zugleich das Risiko, aneinander vorbei zu kommunizieren, sich zu missverstehen oder schlicht anderer Meinung zu sein, was nun das Richtige oder Falsche ist, das in einer bestimmten Situation getan werden muss.

Für die Projektzusammenarbeit bedeutet das, je individuell unterschiedlicher die Persönlichkeiten der Projektbeteiligten und je spezifischer und fundierter, d. h. zugleich auch eingefahrener in gewohnten wiederkehrenden Routinen, ihre Verfahrens- und Verhaltensweisen sind – desto größer ist das Risiko der Konfliktentstehung. Dies gilt für die fachliche ebenso wie die lebenserfahrungsbasierte bzw. emotionale Spezialisierung (Festlegung) und kann entsprechend von der sachlichen Diskussion, dem inhaltlichen Meinungsaustausch, bis hin zum offenen Expertenstreit oder (offenen wie verdeckten) zwischenmenschlichen Wertekonflikt gehen ('das nehme ich jetzt persönlich'). Es obliegt den verantwortlichen Projektmanagern und Managerinnen, insbesondere aber der Projektteam-Leitung, diese fachliche wie zwischenmenschliche Gemengelage so auszubalancieren und zugleich in eine Richtung zu lenken, dass die Projektvorgaben und Ziele innerhalb der Umsetzungsbedingungen erfüllt werden. Hieran schließt letztlich die Frage, welche individuellen Anforderungen sich insgesamt hinsichtlich des 'idealen' Kompetenzprofils für Projektmanager/innen ableiten.

3.3 Individuelle Kompetenzanforderungen an Kulturprojektmanager

Die typische Kombination aus interdisziplinären, visionär-schaffenden, planerisch-strukturierenden und interaktiven Aufgabenstellungen eines Kulturprojekts setzt ein vielseitiges Kompetenzprofil voraus, das Kulturprojektmanager/innen auszufüllen haben. Kulturprojekte erfolgreich managen zu können, verlangt neben den fachlichen Fähigkeiten ebenso einen besonders hohen Grad an Sozial- und Umsetzungskompetenz. Kulturprojektmanagement ist eine Führungs- bzw. führungsnahe Funktion, die zwar als solche zum Bereich der lernbaren Methoden zählt, aber zugleich eine aktive und intensive Auseinandersetzung mit sich selbst und seiner Umwelt erfordert (Boy/Dudek/Kuschel 1995, S. 14). Projektmanagement führt nur dann mit höherer Wahrscheinlichkeit zum Erfolg, wenn auf Akteursseite zugleich aufgabenspezifisches Fachwissen sowie eine hohe Selbststeuerungsfähigkeit vorliegt, d. h. maßgeblich individuelle wie kollektivverträgliche Persönlichkeitseigenschaften und Verhaltensweisen vorhanden sind und diese überdies gezielt und methodisch eingesetzt werden. Insbesondere die Arbeit des Individuums in einer Gruppe erfordert idealtypisch eine individuell möglichst ausbalancierte Kompetenzverteilung auf die drei in Abb. 2 dargestellten menschlichen Kernkompetenzbereiche Fach-, Sozial- und Methodenkompetenz.

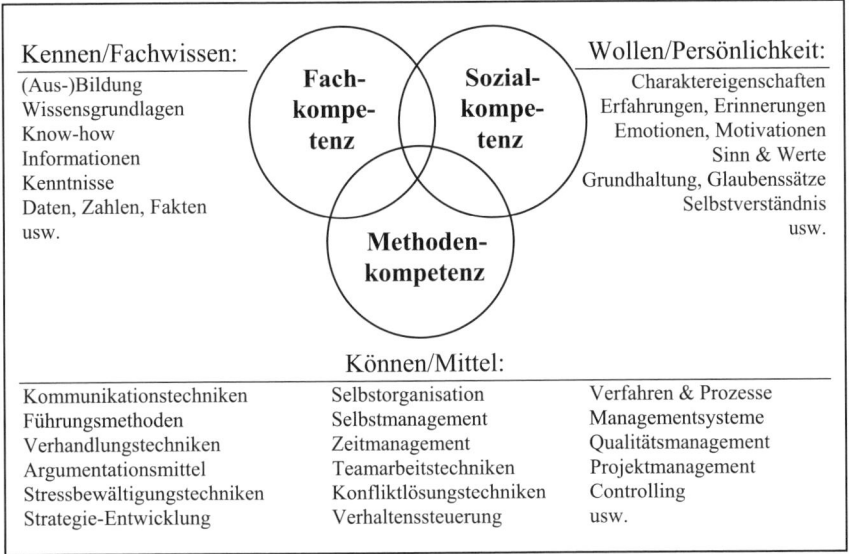

Kennen/Fachwissen:
(Aus-)Bildung
Wissensgrundlagen
Know-how
Informationen
Kenntnisse
Daten, Zahlen, Fakten
usw.

Fach-kompe-tenz   **Sozial-kompe-tenz**

Methoden-kompetenz

Wollen/Persönlichkeit:
Charaktereigenschaften
Erfahrungen, Erinnerungen
Emotionen, Motivationen
Sinn & Werte
Grundhaltung, Glaubenssätze
Selbstverständnis
usw.

Können/Mittel:

Kommunikationstechniken	Selbstorganisation	Verfahren & Prozesse
Führungsmethoden	Selbstmanagement	Managementsysteme
Verhandlungstechniken	Zeitmanagement	Qualitätsmanagement
Argumentationsmittel	Teamarbeitstechniken	Projektmanagement
Stressbewältigungstechniken	Konfliktlösungstechniken	Controlling
Strategie-Entwicklung	Verhaltenssteuerung	usw.

Abbildung 2   Kompetenzmodell

- *Fachkompetenz (Kennen/Wissen)* umfasst durch Aus- bzw. Weiterbildung generiertes theoretisches Wissen, spezifisches Know-how, Expertise, Informationen, Hard Facts, erlernte Kenntnisse, Daten, Zahlen, Fakten usw.
- *Sozialkompetenz (Wollen/soziale Disposition)* umfasst erfahrungsgeprägte Erinnerungen, Emotionen, Motivationen, Sinn und Werte, Grundhaltung, Glaubenssätze, Selbstverständnis, Selbstwertgefühl, Selbstbehauptung usw.
- *Methodenkompetenz (Können/Methodik)* umfasst erlernte Fertigkeiten und Techniken zu Ziel- und Strategieentwicklung, Selbstorganisation, Zeitmanagement, Kommunikation, Rhetorik, Argumentation, Verhaltenssteuerung, Stressbewältigung und Konfliktlösung sowie Verfahrensweisen, Führungs- und generell Management-Techniken sowie hierfür benutzte Hilfsmittel.

Eine wesentliche Projektmanager-Fähigkeit neben Selbstbehauptung und Durchsetzungsstärke im Angesicht von Widerständen besteht darin, sich als Individuum bewusst auf eine Gruppe einlassen, sich hierfür zurücknehmen und im Bedarfsfall von der Gruppe mitsteuern lassen zu können – vorausgesetzt dies dient der Erreichung der gemeinsamen Ziele. Diese Fähigkeit ist im Wesentlichen eine soziale

Kompetenz, also letztlich eine nur schwer erlernbare Persönlichkeitseigenschaft, weil sich bewusst zurücknehmen zu können zunächst einmal ein *Wollen* voraussetzt. Situationsspezifisch adäquates Kultur-Projektmanagement erfordert zudem Erfahrung, doch weder Erfahrung allein, noch das schlichte Vorhandensein gelernten Wissens (das Kennen) oder erlernter Methoden (das Können) sind ausreichend, wenn es bei den Beteiligten gleichzeitig an der richtigen Einstellung, dem *Wollen*, fehlt. Letzteres ist Voraussetzung, um vorhandenes Wissen/Kennen und methodisches Können in zielgerichtetes, aktives und ergebnisförderndes *Handeln* umzusetzen. Nur wer ein Ziel wirklich erreichen möchte, hat auch die Chance, es zu schaffen. Von allen Projektbeteiligten ist daher der unbedingte Wille zum Erfolg gefragt, selbst wenn dies für jeden Einzelnen bedeutet, „Abschied zu nehmen von gewohnten und liebgewonnenen Verhaltens- und Arbeitsweisen" (Boy/Dudek/Kuschel 1995, S. 14 f.).

Wer lediglich sich selbst oder die durch ihn oder sie repräsentierte Funktion zu verwalten gewohnt ist, ist für erfolgreiches Projektmanagement ungeeignet. Vielmehr wird von einem Kulturprojektmanager die Fähigkeit verlangt, sich selbst situativ zu *managen*, also bedarfsorientiert selbst zu führen und bewusst bzw. gezielt das eigene Verhalten zu erkennen (Selbst-Bewusst-Sein) und zu steuern. Hierzu zählt der Umgang mit Zeit (Zeitmanagement) ebenso wie die Kontrolle über den eigenen Kräfte- bzw. Energiehaushalt, sprich, sich selbst trotz projektbedingten Höchstanforderungen körperlich und geistig gesund zu halten. Ebenso wichtig ist die Stabilität des eigenen Wertesystems (Grundhaltung, Moral/ Ethik bzw. Glaubenssätze) und sich selbst gemeinsamen Spielregeln verbindlich unterordnen zu können (Vertragsfähigkeit). Auch entscheidend ist der hohe Grad an Eigenverantwortlichkeit, d. h. die Eigenschaft, für sich selbst und die eigene Meinung offen Verantwortung übernehmen zu können. Andernfalls bedeutete die Arbeit mit anderen Menschen nicht mehr als stille Unterordnung. Selbstmanagement hat im Wesentlichen mit innerer Einstellung und Methodensicherheit zu tun (Böhme 2006, S. 1 ff.). Die eigentliche Herausforderung besteht darin, die zweckmäßige (für alle gemeinsam zielführende) Balance zwischen einerseits Eigenverantwortlichkeit und Selbstbehauptung (gegen individuelle wie kollektive Widerstände) sowie andererseits Selbstrücknahme im Angesicht zielführenderer Argumente und vereinbarter Verfahrens- bzw. Verhaltensweisen aufrecht zu halten.

Projektmanagement-Kompetenz ist in Summe eine Kompetenzkombination, bei der alle Einzelfaktoren sich im Idealfall gegenseitig positiv beeinflussen, statt nur einzeln nebeneinander zu agieren. Ein kompetenter Projektmanager bzw. eine kompetente Projektmanagerin, vor allem in der Funktion einer Projektleitung, ist demnach „spezialisierter Generalist" bzw. spezialisierte Generalistin (ausführlich: Rosenberger/Trentzsch 2009). Methoden- und Sozialkompetenz sind in Kulturprojekt-Zusammenhängen besonders wichtig für das Miteinander, denn der zu steuernde emotionale Bezug zum ‚Objekt', d. h. zu Projektinhalt und Ergebniserwartung, ist meist besonders stark bzw. eng. – Und je enger der emotionale Bezug zu etwas ist, je höher der real empfundene Grad an Identifikation, desto höher ist zugleich das Risiko und desto größer ist die Wahrscheinlichkeit, dass Emotionen mit den Beteiligten ‚durchgehen', sobald es zu inhaltlich-sachlichen und/oder zwischenmenschlich-prozessualen Unstimmigkeiten oder zu Abweichungen im Projektverlauf kommt. Von jedem Kulturprojektmanager bzw. jeder Managerin verlangt dies das notwendige Vorhandensein des Bewusstseins, der Handlungsmöglichkeiten sowie der Durchführungsdisziplin, neben der sachlogischen Planung und Strukturierung vor allem im zwischenmenschlichen Zusammenhang mittels charakterlicher Eigenschaften, methodischer Fähigkeiten und des unbedingten Willens Sachinhalte in reale Handlungen zu überführen und vom Projektanfang bis zum Ende konsequent durch- und nachzuhalten. Je diversifizierter in einem Kulturprojekt-Team die individuellen Unterschiede sind, desto bedeutsamer wird die Rolle des jeweils *teambezogenen* Kultur-Projektmanagements und der Teamführung, auf die im folgenden Abschnitt eingegangen werden soll.

4 Erfolgsfaktor Kulturprojektteam

4.1 Diversität und Interkulturalität im Kulturprojekt

Kulturprojektarbeit ist aufgaben- und oftmals direkt personengebunden und umfasst oft das Arbeiten in wechselnden Teamkonstellationen. Da in Kulturbetriebszusammenhängen höchst unterschiedliches Expertenwissen integriert werden muss, um meist sehr komplexe Aufgabenstellungen zu lösen, ist die Zusammenarbeit von Personen aus unterschiedlichen Fachbereichen nötig. Hierbei ist die Team- der Einzelarbeit oft vorzuziehen (Boy/Dudek/Kuschel, 1995, S. 96). Teamarbeit darf zugleich weder dem Selbstzweck dienen, noch dem Verständnis ‚toll, ein anderer macht's‘ folgen, noch parallele Einzelarbeit innerhalb eines lediglich formell auf dem Papier oder ausschließlich virtuell bestehenden Gruppenkonstrukts bedeuten.

Im Idealfall eines *funktionierenden* Teams verbessert die interdisziplinäre Arbeit zwischen sonst getrennt fungierenden Fach- und Funktionsbereichen die Gesamtarbeitskultur der Organisation. Individuelle Betriebsblindheit wird vermieden; über den organisierten Austausch wächst die Informations- und somit potenziell auch die Entscheidungsqualität. Ein gut funktionierendes Team schafft und nutzt Synergieeffekte, die ohne Teamarbeit unmöglich wären (Boy/Dudek/ Kuschel 1995, S. 97). Zugleich liegt die Betonung immer auf *funktionierend*. Dies können in der Praxis längst nicht alle Kulturprojektteams von sich behaupten bzw. anhand der Arbeitsrealität belegen. Viele Kulturprojektteams scheitern am zwischenmenschlichen Konfliktpotenzial der Gruppenarbeit, d. h. letztlich an den eigentlichen Stärken. Sie zahlen dann sehr oft einen hohen Preis für Interdisziplinarität, Interaktivität und Interpersonalität.

In Zeiten von Globalisierung und einer vermeintlich immer weiter entgrenzten Informationsgesellschaft nimmt überdies die Zahl internationaler bzw. grenzüberschreitender Kulturprojekte zu. Kultur-Projektmanagement ist aus diesem Kontext nicht wegzudenken, bleibt aber mit einer Reihe zusätzlicher Erschwernisse verbunden. Neben der oft diffusen geographischen Zuständigkeits- und Mittelverteilung bzw. Förderungsvergabe, sind es vor allem mensch- und kulturkreisbedingte Faktoren, die in die sachliche Arbeitskomponente jeweils mit hineinspielen (Madauss 1994, S. 408 ff.). Hierzu zählen kulturelle Barrieren wie Sprache, Usus, Religion/Glauben, Tradition, Verhältnis/Verständnis zu Arbeit und Arbeitsorganisation usw.; unterschiedliches Verhalten der Adressatengruppen im Projektumfeld (‚Kunden‘) bzw. voneinander abweichende Zielgruppen; unterschiedliche sozioökonomische

Rahmenbedingungen sowie unterschiedlich verfügbare und genutzte Informationsquellen, Wege und Zugänge.

Hinter dem viel und oft bemühten Begriff von ‚Interkulturalität' verbirgt sich mehr als nur die Zusammenarbeit in Projektteams, die sich aus unterschiedlichen Nationalitäten oder Kulturkreisen zusammensetzen. Vielmehr sind es Diversität und Heterogenität generell, welche die Qualität jeder Zusammenarbeit positiv wie negativ beeinflussen können. Neben der Individualität der einzelnen Person nehmen (trotz vieler Bemühungen um Homogenisierung und politische Korrektheit) ebenso Alter, Lebens-/Berufserfahrung, Betriebszugehörigkeitsdauer, hierarchische Position in der Stammorganisation, Intellekt, Bildungsgrad, soziale Herkunft, Geschlecht, Rollenverständnis, Familien- und berufliche Situation, informeller Status im Betrieb, externe/interne Teammitgliedschaft, Neumitgliedschaft vs. Alteingesessenheit usw. Einfluss auf die kollektiven Arbeitsverhältnisse, insbesondere auf die Startphase eines Projekts (Dörner 2009, S. 276 ff.). Bei der gemeinsamen Bewältigung und vor allem Nutzung der individuellen Vielfalt in einer Gruppe macht weniger die Unterschiedlichkeit als solche einen zugleich kritischen wie variablen Faktor aus, als vielmehr die Art und Weise, wie mit ihr umgegangen wird.

Eine Besonderheit der Projektteam-Arbeit ist, dass die Teamzusammensetzung (idealtypisch) von Projektauftrag zu Projektauftrag und ebenso innerhalb unterschiedlicher Projektphasen nach situativem Bedarf variiert. Dass über einen begrenzten Zeitraum oder für bestimmte Sonderaufgaben neue Menschen zu einer bestehenden Gruppe hinzustoßen und andere das Kollektiv temporär oder auf Dauer verlassen, bedeutet bezogen auf Teamarbeitsfähigkeit und Teamentwicklung streng genommen jedes Mal einen Neubeginn bei ‚Null'. Die einzelnen Mitglieder der neuen Konstellation kennen sich nicht oder nur teilweise, gemeinsame Rituale sind noch nicht oder nur rudimentär vorhanden, manche sind geprägt von individuell positiven oder negativen Vorerfahrungen aus anderen Arbeitszusammenhängen. Sind zusätzlich kulturkreisgeprägte Besonderheiten ein- oder mehrseitig unbekannt oder diese zwar bekannt, jedoch eher vorurteilsbelegt, so sind Missverständnisse bis hin zu einem kompletten Projektfehlstart faktisch vorprogrammiert. Erwartet beispielsweise eine in einem bestimmten Kulturumfeld sozialisierte Projektleitung einer international besetzten Arbeitsgruppe bereits vor dem Kick-off-Meeting, dass der Termin ebenso minutiös verlaufen wird, wie es der exakte Plan vorgibt, so wird sie womöglich eine Enttäuschung erleben. Nicht zuletzt bezogen auf ‚banale' Alltäglichkeiten (Uhrzeiten, Termintreue, Begrüßungsrituale usw.) herrscht in unterschiedlichen Kulturkreisen ein bisweilen abweichendes Selbstverständnis. Nur weil es womöglich dem eigenen Kulturverständnis entspricht, mit einem schriftlichen Leitfaden, einer fest geregelten Zeit-, Kosten und Ablaufplanung sowie präsentationsfertigen Agenda auf dem Laptop in ein Meeting zu gehen, bedeutet dies noch nicht, dass alle anderen Teilnehmenden dies genau so gewohnt sind.

ⓘ Praxisbeispiel Internationale Großgruppenveranstaltung

Im Jahr 2000 führte ein namhaftes Medien- und Dienstleistungsunternehmen mit Unterstützung einer deutschen Unternehmensberatung eine Visionsveranstaltung mit 200 mittleren Führungskräften aus mehreren europäischen Ländern (u.a. Deutschland, Holland, Frankreich, Ungarn) durch. Ziel war die integrative Entwicklung eines gemeinsamen Aufgabenkalenders für das folgende Geschäftsjahr. Veranstaltungsplanung, Vorbereitung und Organisation verliefen perfekt; ein sechsköpfiges Moderatorenteam hatte ein auf den Punkt ergebnisorientiertes und straff kalkuliertes Veranstaltungsprogramm erarbeitet und exakt einstudiert, alle Wege, Rollen- und Aufgabenwechsel waren aufeinander abgestimmt und eingeübt. Nicht einkalkuliert hingegen war, dass eine Ländervertretung bereits während der Begrüßungsrede des Konzernvorstands fast geschlossen zur ersten Pause verschwand.

Unerwartet war auch, dass die exakt vorbereiteten Gruppenaufgaben im weiteren Verlauf nach kulturspezifischer Herkunft sehr unterschiedlich angegangen und gelöst wurden. Während sich einige Nationalitätenvertretungen auf die Lösung der fest vorstrukturierten Arbeitsaufträge konzentrierten, sich dann aber unerwartet mit der Lösung einer einzelnen Kreativitätsübung so schwer taten, dass sie diese fast durchgängig nicht abschlossen, stellten andere Ländergruppen hierzu binnen weniger Minuten Improvisationstheatersequenzen auf die Bühne, dichteten Slogans, führten ad hoc Gesangsstücke auf, präsentierten Kollagen aus selbst organisiertem Material; sie ließen dafür jedoch alle schriftlich vorstrukturierten Arbeitsaufgaben ungelöst liegen. In den nationalitätengemischten Arbeitssequenzen wiederum benötigten alle Teams am meisten Zeit zur Herstellung der eigenen Arbeitsfähigkeit, d.h. für Rollenklärung und Selbstorganisation.

Im Ergebnis endete die Veranstaltung als lang nachwirkender Erfolg, in dessen Arbeitsresultat sich ebenso eingebrachte Spezifika wie gemeinsame Vorhaben widerspiegelten. – Damit dies möglich wurde, musste der ursprüngliche Moderationsplan jedoch ab Veranstaltungseröffnung und entgegen jeder Projektmanagement-Grundregel neu geschrieben werden (siehe hierzu Kap. 7).

Vertrauen (in sich selbst *und* andere), Offenheit und Toleranz, d.h. eine positive und professionelle innere Grundhaltung, sind unabdingbare Voraussetzungen für einen positiven Einstieg in *jede* Gruppenzusammenarbeit (nicht nur) in Kulturprojektteams. Dies gilt ganz besonders für die jeweilige Teamführung. Fest steht zugleich, damit Projektmanagement erfolgreich sein kann, muss Verbindlichkeit herrschen, sind Termin-, Regel- und Vereinbarungstreue usw. nötig und ab Feststehen gemeinsamer Regeln unbedingt und ohne Abweichungsduldung von allen im Team einzufordern. Bevor das gemeinsame Verfahren jedoch geregelt ist, empfiehlt sich die geistige Vorbereitung auf eine zunächst komplett *ungeregelte* Einstiegssituation. Mit folgender Herangehensweise wird das Risiko eines Team-Fehlstarts im Arbeitsalltag minimiert (Bemmé 2006, S. 22):

- *Akzeptanz der Realität:* Menschen verschiedener Beheimatung oder soziokultureller Herkunft haben voneinander abweichende Gewohnheiten und Rituale. Davon sind nicht die einen besser als die anderen – sie sind allesamt nur manchmal anders als die eigenen.
- *Akzeptanz des Gegenübers:* Ob man jemanden mag oder nicht, darf für Ergebnisqualität und effiziente Zielerreichung in Projekten keine Hauptrolle spielen! Man muss Menschen weder sympathisch finden, noch ihre Einstellungen teilen, um gemeinsam Ziele zu erreichen. Akzeptanz heißt: ‚Ich akzeptiere, dass Du andere Überzeugungen und Gewohnheiten hast als ich.'
- *Das Andere als Chance sehen, nicht als Hemmnis:* Aus Vielfalt und daraus entstehenden Reibungspunkten eröffnen sich oft neue Sichtweisen, Wege und Lösungen. Es empfiehlt sich, dies gezielt zu nutzen, indem man sich darauf einlässt und ggf. nötige Angleichungen später gemeinsam vornimmt.
- *Das Interesse steuert die Wahrnehmung:* Was dem Menschen vertraut ist, das erwartet er auch. Man sucht (und findet) unbewusst bevorzugt Dinge (Muster) in seiner Umwelt, die man bestätigt wissen will. Man sollte sich daher nicht gleich zu Beginn schon durch allzu feste Minimal-/Maximalerwartungen selbst einengen, ehe gemeinsame Regeln vereinbart worden sind. Insbesondere Zweckpessimisten werden erwartungsgemäß dann nur das wahrnehmen, was sie wahrnehmen wollen – nämlich Widerstände und Dinge, die *nicht* gehen, statt Chancen und Lösungen.
- *Berücksichtigung unterschiedlicher Wertesysteme:* Besondere Nachsicht ist bei der Intervention gegenüber solchen Verhaltensmustern gefragt, die mit hoher Wahrscheinlichkeit der Zugehörigkeit zu einem bestimmten Kulturkreis entstammen und nichts oder nur wenig mit Erfüllung des Projektauftrags zu tun haben.
- *Das Ziel steht über dem Weg:* Orientieren sollte man sich immer wieder am Ziel, am Auftrag, an der gemeinsamen Aufgabe – nicht an individuell abweichenden Ritualen der Menschen. Die möglichst konkrete und gemeinsame Zielformulierung fördert eine ergebnisorientierte Arbeitsweise, die zur Effizienzsteigerung eines jeden Einzelnen beiträgt.
- *Gemeinsame Spielregeln und „kleine Verträge":* Man sollte möglichst früh im Prozess gemeinsame Verfahrens- und Verhaltensspielregeln verabreden. Sie helfen allen Beteiligten zurück auf den gemeinsamen Weg. Durch Vereinbarung eines gemeinsamen Arbeitsmodus wächst zugleich die Chance, eine gemein-

same Arbeitskultur zu entwickeln. Vertrag heißt, sich vertragen – Verträge sind ein friedensstiftendes wie friedenserhaltendes Instrument.

- *Größere Zeitfenster:* Für den Projekteinstieg sollte bewusst Zeit für das gegenseitige Kennenlernen, Miteinander warm werden und Entdecken der unterschiedlichen Herangehens- und Arbeitsweisen einkalkuliert werden. Je größer die Distanz aufgrund jeweiliger Herkunft (z. B. auch bezogen auf Abteilungsunterschiede innerhalb des gleichen Unternehmens), desto sinnvoller ist ein ausgedehnter gemeinsamer Abgleich zu Projektbeginn.

4.2 Teamgröße und Teamspielregeln

„Ein Team ist ein formeller, kontinuierlicher Gruppenzusammenschluss zur Lösung einer gemeinsamen, nach außen gerichteten Aufgabe", Teamarbeit ist dementsprechend „die kooperative, zielorientierte Arbeit von Fachleuten, die gemeinsam an einer definierten komplexen Aufgabe, in einem Projekt oder an einem Problem arbeiten, bei Integration unterschiedlichen Fachwissens und nach bestimmten, gemeinsam festgelegten Regeln" (Geller/Nowak 2002, S. 21 ff.). Zugleich gilt auch für die Teamarbeit, dass sie kein Patentrezept für alle Aufgabenbereiche ist. Mitunter ist Teamarbeit weder möglich noch sinnvoll, etwa bei konzentrierter Einzelarbeit an Fachthemen oder zur Abarbeitung von Standardvorgängen. Projektteamaufgaben liegen im Gegensatz zum Tagesgeschäft in der Stammorganisation weniger im Bereich des reinen Ausführens, als vielmehr schwerpunktmäßig im Bereich des Planens, Überwachens und Steuerns.

Im Sinne von Effektivität, Arbeitsgeschwindigkeit und Vermeidung von Arbeits-/Denkfehlern liegt die ideale Gruppengröße zwischen drei bis acht Personen. „Bei einer größeren Anzahl geraten die notwendigen Gruppen- und Arbeitsprozesse häufig recht langwierig und ineffektiv" (Gellert/Nowak 2002, S. 20). Bei einer Team- oder Gruppengröße von mehr als 10 Personen sollte daher die Aufteilung in Unterteams oder in ein Kernteam unter temporärer Hinzuziehung von Experten in Betracht gezogen werden. Zum Einen sinkt so das Risiko vermeidbarer Kompetenzüberschneidungen und Doppelarbeiten, zugleich steigt der individuelle Grad an Identifikation, Verantwortungsübernahme und Verbindlichkeit innerhalb der Gruppe.

Bereits bei der Zusammenstellung des Projektteams sollte darauf geachtet werden, nur solche Funktionen und Aufgaben personell abzudecken bzw. organisatorisch wie personell abzubilden, die sich aus der vorherigen Lage-Ziel-Analyse auch wirklich ergeben (Madauss 1994, S. 86). Eine Team- bzw. Rollenbesetzung nach ‚persönlichem Gusto' ist hingegen als ausgesprochen kritisch einzustufen. Wer für die Teammitarbeit von Fall zu Fall in Frage kommt und welche Rolle ausfüllen kann, sollte sich ausschließlich von den projektspezifischen Anforderungen ableiten. Hierzu ist die Beantwortung folgender Leitfragen hilfreich (nach Gellert/ Nowak 2002, S. 41):

- Über welche aufgabenbezogenen Fähigkeiten, Fertigkeiten, Kenntnisse und produktiven Eigenschaften verfügt das jeweilige Teammitglied? Welche sinnvolle Arbeitsteilung zwischen den Teammitgliedern ergibt sich daraus?
- In welchen Rollen begegnen sich die Teammitglieder in anderen Zusammenhängen? Wie gehen die Personen damit erfahrungsgemäß um?
- Welche Rollen sind durch Projektspezifikation (z. B. bestimmte fachliche Anforderungen, ressourcenbedingte oder aufgabenbezogene Mindestverfügbarkeiten usw.) vorgegeben bzw. noch zu definieren?
- Durch welche sachlichen und/oder personellen Maßnahmen lässt sich verhindern, dass sich Ziel, Zeitrahmen und verfügbare Ressourcen im Team-Arbeitsprozess auseinander entwickeln?

„Qualifiziertes Projektmanagement-Personal ist meistens sehr knapp und die wenigen zur Verfügung stehenden Mitarbeiter sind dann, wenn sie am dringendsten benötigt werden, oftmals gerade an einem anderen wichtigen Projekt beschäftigt" (Madauss 1994, S. 402). Bei der im Sinne der Zielerreichung bestmöglichen Zusammensetzung des Kultur-Projektteams sind daher als Rekrutierungsalternativen organisationsinternes Personal anderer Abteilungen und Organisationsbereiche, freie Mitarbeiter (beispielsweise Berater, Moderatoren) und externe (Fach-)Experten sowie grundsätzlich die Vergabemöglichkeit von kompletten Aufgaben an externe Dienstleister mit zu bedenken.

Sinnvollerweise, jedoch in der Realität tatsächlich viel zu selten, vereinbaren die Mitglieder einer Arbeitsgruppe oder eines Projektteams zu Projektbeginn, d. h. bereits bei der ersten gemeinsamen Sitzung, gemeinsame Spielregeln für den Projektprozess. Sie schließen einen Team-Vertrag (Gellert/Nowak 2002, S. 160 ff. und S. 30 ff.). Spielregeln sollten sich immer auf die beiden Dimensionen *Verfahren* (Wie erarbeiten wir Lösungen?) und *Verhalten* (Wie gehen wir miteinander um?) beziehen, d. h. nicht nur strukturbezogene, sondern auch und vor allem zwischenmenschliche bzw. kommunikationsspezifische Regelungen beinhalten.

Verabredungen hinsichtlich der Verfahrensweisen im Kulturprojekt hängen maßgeblich von Aufgabenstellung und Rahmenbedingungen ab. Dennoch sollten sie immer Aussagen bezüglich der Informations- und Kommunikationswege beinhalten, denn „zielgerichtete Information und Kommunikation bestimmt wesentlich den Erfolg eines Projekts" (Steinle 1998, S. 29). Wie effizient das jeweilige Projektmanagement ist, hängt maßgeblich von der Art und Weise ab, wie Informationen im Projekt transportiert und verarbeitet werden. Informationen sind Voraussetzung für Entscheidungen – und Kulturprojektleitungen und ihre Teams müssen im Vergleich zu gleichrangigen Abteilungen oft überproportional viele Entscheidungen treffen. Umso wichtiger ist es, bereits zu Projektbeginn die formellen Informationswege festzulegen. Sie sollten zugleich nicht ‚aufgesetzt', sondern kompatibel mit vorhanden Kommunikations- und Informationswegen sein sowie vorhandene Organisationsstrukturen berücksichtigen (Madauss 1994, S. 302 f.). Typische Informationsregeln klären eindeutig:

- *Informationsumfang:* Wer braucht wann zu was welche Informationen?
- *Hol- und Bringschuld:* Wer informiert wen – und: wer hat wann für seine eigene Information/Informiertheit Sorge zu tragen?
- *Projektdokumentation:* Was wird wann und wie von wem dokumentiert – und: wo und zu welchem Zweck?
- *Sprachregelungen:* Was sind ausschließlich interne, was auch öffentliche Informationen?
- *Meeting-Routine:* Was wird wie in welcher Regelmäßigkeit von wem im Rahmen von Besprechungen berichtet und/oder dokumentiert?

Regelmäßige Besprechungen im Projektteam sind ein wesentlicher Informationsträger. Sie haben den Vorteil, dass in kurzer Zeit viele und relevante Informationen auf kurzem und direktem Weg ausgetauscht und ad hoc darauf reagiert (z. B. etwas entschieden) werden kann (Madauss 1994, S. 311).

Ein in der Praxis häufig vergessener, weil als Abstimmungsprozess anspruchsvoller und manchmal zeitraubender Faktor der Konfliktprävention ist die gemeinsame Vereinbarung von verbindlichen *Verhaltens*regeln. Dies gilt für die Beziehung zwischen Auftraggeber und Auftragnehmer ebenso wie für die Zusammenarbeit im Projektteam. Wahlweise in Form einer schriftlichen Nebenabrede zum Vertragswerk oder als dokumentierte mündliche Vereinbarung schließen die Beteiligten einen Vertrag miteinander. Die gemeinsame Beantwortung der Frage ‚Wie gehen wir miteinander um?' erleichtert die nachfolgende Zusammenarbeit maßgeblich und macht sie effizienter. Sie wirkt konfliktvorbeugend, schafft Klarheit, Transparenz, beschreibt und festigt die Kultur des Miteinanders und führt die Einzelpersonen im Team enger zusammen. Voraussetzung dafür ist allerdings, dass in der Erarbeitung und der Verabredung das Wort ‚gemeinsam' mehr ist als eine Phrase.

Wenngleich nicht selten als ‚esoterisch', ‚pädagogisch' oder ‚seminaristisch' belächelt oder vorverurteilt, sind es oftmals gerade die kleinen bzw. banal klingenden Kommunikationsregeln, deren Fehlen Kulturprojektteams in Situationen der internen Unlösbarkeit, Ausweglosigkeit und Unüberbrückbarkeit führen. Denn was selbstverständlich klingt, wie beispielsweise ‚Wir lassen einander immer erst ausreden', muss in der Praxis nicht automatisch auch für jeden Menschen selbstverständlich sein – etwa wenn eine Person es gewohnt ist, immer mehr Worte für das Gleiche zu benötigen als andere. Entsprechend sollten Verabredungen getroffen werden, die den Umgang miteinander (vor allem bei Meetings und erst recht im Konfliktfall) regeln. Hierzu zählen Grad der Eigenverantwortlichkeit/ Verantwortungsübernahme, Offenheit, Zuverlässigkeit und Verbindlichkeit, Vertrauen, Grad der Vertraulichkeit, Konfliktlösungssystematik/Ansprechpartner sowie Kommunikations- und Feed-back-Regeln.

Welche Verfahrens- und Verhaltensregeln jeweils notwendig bzw. sinnvoll sind, hängt sowohl von der Aufgabenstellung, als auch von der Personen- bzw. Charakterkonstellation des Projektteams ab. Bereits bei der Rekrutierung der künftigen Teammitglieder sollten des Weiteren die zu besetzenden Team-Rollen und notwendigen Zuständigkeiten mit den zur Verfügung stehenden Personen abgeglichen werden (Tab. 2). Neben den fachlich-inhaltlich zu lösenden Aufgaben müssen die künftigen Teammitglieder ebenso arbeitsprozessorientierte wie integrierende Funktionen kompetent ausfüllen können.

4.3 Teamstruktur: Rollen, Funktionen und Zuständigkeiten im Team

Neben der rechtzeitigen Implementierung eines wirkungsvollen Organisationskonzepts ist die Nominierung adäquaten Personals sowie die Festlegung von Zuständigkeiten, Verantwortlichkeiten und Vollmachten eine wesentliche Voraussetzung für erfolgreiche Arbeit im Kulturprojekt. Die jeweilige Projektaufgabe ist in ihre Einzelfunktionen aufzugliedern, die wiederum jeweils in sich geschlossene und als Komplettaufträge delegierbare Aufgaben darstellen, für die ein bestimmtes Projektteammitglied die Verantwortung übernehmen kann. Dies setzt in jedem Einzelfall eine ebenso gründliche Analyse der erforderlichen Funktionen wie individuellen Kompetenzen voraus. Das Funktionsanalyseergebnis wird bei unterschiedlichen Projekten entsprechend unterschiedliche Bedürfniskombinationen beinhalten (Madauss 1994, S. 86 ff.). Folgende ‚soziale' bzw. methodenkompetenzgestützte Rollenbesetzungen sind hierbei neben der jeweiligen Fachkenntnis für die meisten Teams typisch und zählen zu den Erfolgsfaktoren (nach Gellert/ Nowak 2002, S. 74 ff.; Francis/Young 1986, S. 70 ff.):

Rolle	Funktion
Leiter/Moderator (Gesamt-integrator/Generalist)	▪ Stellt die Balance zwischen Zeit-, Kosten-, Ergebniszielen, Menschen und Prozessen sicher
Umsetzer/Koordinator (Realisator)	▪ Überführt die Ideen in realistische, machbare Umsetzungs-formen (z. B. Aktionspläne)
Ideengeber (Visionär)	▪ Steuert kreative Ideen zur Aufgaben- und Problemlösung bei, ist das innovative Zentrum
Vernetzer (Kommunikator + Diplomat)	▪ Ist Recherche- und Informationsschnittselle nach innen und außen – stellt den Kontakt zu den Team-Umwelten sicher
Teamarbeiter (sozialer Integrator)	▪ Ist die teaminterne ‚soziale' Vernetzungsschnittstelle – hält die interne (auch informelle) Kommunikation aufrecht und vernetzt Personen
Detailarbeiter/Vollender (Experte)	▪ Ist Experte, fachliche Kontrollinstanz und Fertigsteller zu-gleich – vollendet Angefangenes und führt es zur Perfektion

Tabelle 2   Rollen im Kultur-Projektteam

Die Rolle des Gesamtintegrators bzw. Generalisten wird durch die Projektleitung bzw. Teamführung ausgefüllt, meist kombiniert mit der Außenvernetzung des Teams. Aufgrund des vielfältigen Aufgaben- und Verantwortungsprofils sind hierbei weniger fachliche Expertenkenntnisse als vielmehr methodische und soziale Führungs-eigenschaften vonnöten (Madauss 1994, S. 88, 386; Francis/Young 1986, S. 74 ff.).

4.4   Führung im Kulturprojekt-Team

Führung im Projektmanagement definiert sich grundsätzlich analog zu Führung in anderen Organisationsprozessen, d.h. ist letztlich die bewusste Beeinflussung menschlichen Verhaltens durch Kommunikation, um ein zuvor definiertes Ziel gemeinsam zu erreichen.

4.4.1 Befugnisse und Kernaufgaben der Kulturprojektleitung

Die Gesamteinbettung eines Projekts in den jeweiligen organisatorischen Kontext, d.h. Projektentscheidung, Auftragsvergabe und Gesamtsupervision, obliegt dem Projektgeber (Boy/Dudek/Kuschel 1995, S. 90; Madauss 1994, S. 11). So bleibt beispielsweise eine Theaterleitung bei einem Projekt zur Besucherakquisition hauptverantwortlich dafür, dass das Projekt als solches, die Art und Weise seiner Vergabe (z. B. intern oder extern) sowie das vorgeschlagene oder vorgegebene Um-setzungskonzept nützlich und zielführend im Sinne Gesamtstrategie des Hauses sind.

Insbesondere bei internen Projekten muss die Projektnehmer-, Projektleitungs- bzw. Projektteam-Führungsaufgabe überdies durch den verantwortlichen Projektgeber hierarchisch sowie durch gemeinsame Projektvereinbarungen zwischen Projektgeber und Projektnehmer bestmöglich gestützt und abgesichert werden. Vergibt die Leitung eines Kulturbetriebs beispielsweise ein Projekt, dessen Umsetzung Veränderungen in der internen Ablaufstruktur des Hauses impliziert, so ist der Projektnehmer mit entsprechenden Befugnissen (z. B. zur Intervention oder lediglich zur Handlungsempfehlung) auszustatten. Idealtypisch klärt der Projektgeber zusätzlich die projektbetroffenen Bereiche und Abteilungen über Projektziel, Umfang und Handlungsmandat des Projektnehmers/der Projektleitung auf, um ein höchstmögliches Maß an Legitimität zu schaffen. Ein robustes Mandat der Projektleitung dient dem Schutz der jeweiligen Führungskraft, die sich in Relation zu anderen Projektbeteiligten mit höherem Grad an Verantwortungsübernahme und Risikooffenheit einbringt. Mit Zunahme der Verantwortung wächst auch das Risiko schwerer wiegender Konsequenzen im Falle eines Scheiterns. Kulturprojektleitungen müssen daher *zugleich* „an der langen Leine", d. h. mittels delegierender Führung geführt werden *und* mit entsprechenden Entscheidervollmachten ausgestattet sein (Madauss 1994, S. 18, 399). Sie müssen jederzeit aktiv ins Projektgeschehen eingreifen können, statt Spielball des Projekts zu werden. „Ist dies nicht der Fall, bestehet allzu leicht die Gefahr, dass das oft zitierte Wortspiel: *Ich bin kein Projektleiter, sondern ein Projektleider!* Wirklichkeit wird!" (Eschlbeck 1996, S. 1)

Aufgrund der Neigung vieler hierarchiegewohnter Organisationsentscheider (nicht nur) im Kulturbetrieb, das eigene Entscheidungsmandat so wenig wie möglich einzuschränken, ist vom Projektnehmer besondere Aufmerksamkeit bei der Projektvereinbarung gefordert. Viele Unternehmen misstrauen der für die Projektarbeit oft notwendigen ‚Neuverteilung der Macht' – denn tatsächlich handelt ein angemessen mandatierter Projektnehmer zwangsläufig wie ein selbstständiger Kleinunternehmer im Unternehmen. Minimalanforderungen bzw. Mindestkompetenzen dafür sind (nach Schlüter 1996, S. 2; Mente 1998, S. 113 f., 125 f.; Madauss 1994, S. 87):

Mitwirkung an der Projektzieldefinition	☐
Teil-/Hauptverantwortung für Personalauswahl	☐
Auswahl von Unterauftragnehmern und Lieferanten	☐
Projektbezogenes Informations-, Weisungs- + Entscheidungsrecht	☐
Freigabe von Teilaufgaben zur Bearbeitung	☐
Planung, Freigabe und Kontrolle der Kosten sowie Abläufe	☐
Ergebnis-Entscheidungsberechtigung (Akzeptanz/Ablehnung)	☐

Tabelle 3   Checkliste Führungsmandat

Nur wenn jede der in Tab. 3 aufgeführten Anforderungen erfüllt ist, verfügt die Projektführung über ein stabiles Mandat. Sie ist hauptverantwortlich für die Verfolgung der operativen Ziele bezogen auf Kosten, Qualität und Zeit und in dieser Rolle letztlich verlängerter Arm der Geschäftsleitung bzw. des Projektgebers. Die Aufgaben der Teamführung beinhalten im Wesentlichen (Tab. 4):

Auswahl geeigneter Teammitglieder + Zielverantwortung und Aufgabenverteilung	☐
Unterstützung (z. B. durch Qualifizierung) der Teammitglieder, damit diese ihre Aufgaben erfüllen können	☐
Organisation und Einforderung der notwendigen Ressourcen (Finanzen, Personal, Logistik usw.) vom Projekt- bzw. Auftraggeber	☐
Vertretung des Teams nach außen („Team-Marketing")	☐
Schaffung von Führungstransparenz und Aufgabenvernetzung	☐
Vereinbarung von Feed-back und Kontrollmechanismen	☐

Tabelle 4   Checkliste – Aufgaben der Teamleitung/Teamführung

Die Teammitglieder sind im Rahmen der Abarbeitung ihrer Arbeitsaufträge zugleich großteilig eigen- bzw. sich selbst verantwortlich (Boy/Dudek/Kuschel 1995, S. 90). Sie arbeiten ergebnisorientiert, werden also möglichst geführt mittels Delegation von Aufgabenbündeln und Erfüllungsverantwortung; idealtypisch finden während ihrer Arbeit keine Prozesskontrollen, sondern lediglich Zielvereinbarung und abschließender Ergebnisabgleich statt. Im Sinne motivierender Führung bedeutet Delegieren, in sich geschlossene Aufgabenpakete in vollem Umfang und inklusive der Prozessverantwortung auf Mitarbeiter zu übertragen, andernfalls können Demotivation und Frust die Folge sein (Bemmé 2007b, S. 12; Madauss 1994, S. 387).

Jedes Kulturprojekt verlangt hierzu die Besetzung mit Menschen, die gewillt und in der Lage sind, eigenverantwortlich zu arbeiten, sowie die Einrichtung einer personell adäquaten strategischen und operativen Steuerungsstelle. Zwar braucht nicht jedes Projektteam zwangsläufig einen Chef oder eine Chefin, um die Funktion einer solchen Schnittstelle zu übernehmen, doch sind Führungsaufgaben für gewohnt einem hauptverantwortlichen Projektmanager bzw. einer Projektmanagerin zugeordnet. Die Praxis zeigt, „dass Projektleitungen, denen die volle Projektverantwortung übertragen wurde, weit bessere Ergebnisse aufzeigen konnten, als Projektleitungen, die nur teilbeauftragt und/oder -autorisiert waren. Die Führung eines Projektes muss an einem zentralen Punkt, nämlich dem Projektleiter, zusammenlaufen" (Madauss 1994, S. 399). Vorteil einer Führungskraft mit hierarchischer Letztverantwortung (minimal fachlicher Weisungsbefugnis) ist das meist stabile Mandat und der somit höhere Grad an Steuerungseinfluss auf Personen, Inhalt und Prozess. Zudem gibt es mit einer nominellen Projektteamleitung einen festen Ansprechpartner bzw. eine feste Ansprechpartnerin nach innen wie außen. Wenn es um das Projekt geht, ist klar, wer dafür verantwortlich ist und mit wem man sprechen kann.

Eine Besonderheit der interdisziplinären Teamarbeit ist, dass die Teamführung oft auf die fachliche Weisungsfunktion beschränkt bleiben *muss* und eine disziplinarische Weisungsfunktion nicht gegeben ist. Da die Teambesetzung nach Kompetenz und nicht nach hierarchischer Funktion in der Stammorganisation geschieht, kann es sein, dass Teammitglieder zu führen sind, die in anderem Organisationszusammenhang eine hierarchisch gleiche oder höhere Führungsfunktion innehaben. So kann es sein, dass beispielsweise in einem internen Kulturstiftungsprojekt zur Verbesserung der Außenkommunikation eines Einzelfachbereichs die Fachbereichsleitung die Projektleitung inne hat und innerhalb des Projektteams fachliche Weisungsbefugnis gegenüber der (hierarchisch höher positionierten) Vertretung aus der Stiftungsstabsstelle Unternehmenskommunikation sowie der im Alltag gleich positionierten Führungskraft aus einem anderen Fachbereich ausübt, wenn Letztgenannte als fachlich spezialisierte Teammitglieder fungieren. Je weiter die Führungsaufgabe auf unterschiedliche Personen aufgefächert wird, desto mehr wächst das Risiko mangelnder Verantwortungsklarheit, des erhöhten Informationsaufwands sowie Entstehens von internen wie externen Missverständnissen; jede Führungsaufgabenteilung führt so zwangsläufig zur Effizienzminderung (Madauss 1994, S. 87).

Dennoch ist es durchaus möglich, manchmal auch zielführend oder nötig, allein über die Verabredung fester Rollen und verbindlicher Spielregeln ‚führungslos‘ zu operieren, ohne dabei ‚kopflos‘ zu sein. In Kulturprojektgruppen und Teams, deren Mitglieder über einen hohen Grad an Eigenverantwortlichkeit und Selbststeuerungsfähigkeit verfügen, d. h. im kommunikations- bzw. verhaltenspsychologischen Sinne mit einem als hoch anzunehmenden Verbindlichkeitsgrad handeln, kann ein partnerschaftlich-kooperatives Miteinander ohne designierte Führungskraft funktionieren. Ob dies sinnvoll ist, muss vor Projektbeginn kritisch geprüft und darf niemals dem Zufall überlassen oder einem intern/extern gegebenen Handlungsdruck (z. B. Kostenbegrenzung) unterworfen werden. Nominelle Führungslosigkeit ist beispielsweise in selbstgebildeten Teams oder bei selbstinitiierten Projekten üblich bzw. auch dann, wenn langjährig gewachsene, informelle persönliche Beziehungen zwischen den Akteuren bestehen. Hierbei kann beispielsweise eine Person stellvertretend für das Team die Rolle der Außenrepräsentanz gegenüber Auftraggeber und Projektumfeld wahrnehmen, ohne nach innen ‚Chef‘ sein zu müssen. Dass man bislang in anderen Zusammenhängen gut miteinander ausgekommen ist, rechtfertigt jedoch allein keinen Verzicht auf eine personell mandatierte Führung. Hierarchiefreiheit im Projektteam garantiert keine Konfliktfreiheit. Problematisch werden gerade ‚halbprivate‘, sehr persönliche bzw. hierarchiefreie Räume, sobald ein Mitglied des Teams die vereinbarte

Leiten bedeutet	Führen bedeutet
Aufgabenorientierung	Menschenorientierung
Information + Vortrag	Kommunikation + Diskussion
Ziele vorgeben	Ziele vereinbaren
Kontrolle + Anordnen	Controlling + Einbeziehen
Urteilen, Bewerten	Feed-back geben
An Vorschriften orientieren	Freiräume schaffen
Planen + Optimieren	Entwickeln + Verändern
Funktionales Vorgehen	Ganzheitliches Vorgehen
Anforderungsprofile + Anleitung	Stellenbeschreibungen + Einarbeitung
Reaktives Handeln	Aktives und proaktives Handeln
Anweisungen + Unterweisung	Überzeugen, Verträge + Coaching
Mitarbeiter-Beurteilung, Bewertung	Feed-back, Mitarbeiter-Gespräch

Tabelle 5   Leitung vs. Führung

Analog ist zwischen Zielvorgaben (eher dirigistisch/autoritär) und Ziel*vereinba-rungen* (eher partnerschaftlich/delegierend) zu unterscheiden (Tab. 6). Beides sind voneinander grundverschiedene Verfahren, wenngleich personen- und situationsgebundene Verschränkungen sowie fließende Übergänge analog zu Leitung und Führung üblich und berechtigt sind (Bemmé 2007b, S. 10).

Ziele vorgeben bedeutet	Ziele vereinbaren bedeutet
▪ Ziele werden (extern) in anderem Kontext definiert, als sie durchgeführt werden	▪ Ziele werden gemeinsam, z. B. innerhalb eines Projektteams definiert und durchgeführt
▪ Es gibt kein ‚Mitvereinbarungsrecht' der Betroffenen	▪ Es besteht ein ‚Mitvereinbarungsrecht' der Betroffenen
▪ An der Zieldefinition Beteiligte unterscheiden sich personell von den Betroffenen	▪ Die von den Zielen Betroffenen sind zugleich Beteiligte bei der Zieldefinition
▪ Ziele werden eher ‚von oben herab' (hierarchisch) kommuniziert	▪ Die Ziele werden partnerschaftlich auf einer Ebene kommuniziert

Tabelle 6   Zielvorgabe vs. Zielvereinbarung

Während die Differenzierung zwischen Teamleitung und Teamführung angesichts der etablierten Sprachgewohnheiten schwierig umzusetzen ist, sollte zwischen Zielvereinbarung und Zielvorgabe so streng wie möglich getrennt werden, da die Vereinbarung einen anderen (höheren) Verbindlichkeitsgrad beinhaltet als die Vorgabe (‚einsame Entscheidung'). Während bei der Vorgabe die Letztverantwortung für Ergebnis- *und* Prozessqualität letztlich außerhalb der Projektteam-Adressaten liegt, nämlich allein beim ‚Chef', ist sie bei der Vereinbarung zumindest prozessual auf alle Teamschultern verteilt. Ungeachtet dessen hat die Zielvorgabe durchaus ihre Berechtigung im Führungsalltag, insbesondere wenn schnelle Handlungen gefragt sind. Weil Führung immer ergebnisorientiert und situationsabhängig sein muss, beinhaltet sie auch das Verständnis, dass partnerschaftlich-demokratische Gruppenentscheidungen im Projekt nicht immer möglich und in vielen Fällen auch nicht zweckmäßig sind (Bemmé 2007b, S.4 f.).

4.4.3 Notwendige Führungskompetenz

Die Projektleitung ist zentraler „Ansprechpartner für alle Fragen im Rahmen der Projektabwicklung und wird immer temporär für die Dauer des jeweiligen Projekts" eingesetzt (Schlüter 1996, S. 1). Ob und wo bei einer Person oder innerhalb eines Teams die hierfür notwendige Führungskompetenz vorhanden ist, sollte frühzeitig von Auftrag- bzw. Projektgeberseite, bei selbstinitiierten Teams innerhalb der Gruppe, geprüft werden. Die Vielfalt der durch die Teamführung zu lösenden Aufgaben macht ein umfassendes Kompetenzprofil sowie idealtypisch einen bereits krisenerprobten Management-Hintergrund notwendig. Zu den Fähigkeiten, Fertigkeiten und sozialen Eigenschaften zählen vor allem:

Motivationsfähigkeit (selbst + andere)	☐
Kooperations- und Delegationsbereitschaft	☐
Entscheidungsfreude + Risikobereitschaft	☐
Eigeninitiative	☐
Durchsetzungsstärke + Standfestigkeit	☐
Stress-Stabilität („Gelassenheit')	☐
Unternehmerisches Denken + Handeln (Selbststeuerungsfähigkeit)	☐
Erfassen von komplexen Zusammenhängen	☐
Organisationstalent	☐
Dynamik, mentale (manchmal auch physische) Beweglichkeit	☐
Kreativität/Innovationsfähigkeit	☐

Tabelle 7   Anforderungen an die Teamführung

Führung heißt auch, unpopulär sein zu können bzw. zu müssen. Aufgabe und Verantwortung der Projektleitung ist die Erreichung des Projektziels bzw. der Projektziele innerhalb der verabredeten oder vorgegebenen Kosten- und Terminbedingungen (Madauss 1994, S. 87). Da Projektleitung eine Führungsaufgabe ist, liegt es auch im Aufgabenbereich der Steuerungsverantwortlichen, ‚harte' Entscheidungen zu treffen und dafür gerade zu stehen, dies oft gegen Widerstand, so wie beispielsweise im Falle des Projektabbruchs, bei Nachverhandlungen des

Leistungsumfangs oder dem Ansetzen von Überstunden für das Team. Trotz noch so sachlich nachvollziehbarer und argumentierbarer Gründe gehört Risikobereitschaft, einfacher gesagt *Mut*, dazu, ein Projekt anzuführen und erst recht es abzubrechen, wenn das Projektziel nachweislich nicht oder nicht mehr erreicht werden kann. Ein Abbruch kann auch notwendig werden, wenn es zwischen den Vertragsparteien zu unüberbrückbaren Differenzen, zu Vertragsverletzungen, Vertrauensverlust oder massiven Budgetengpässen kommt. Zwar werden auf der Sachebene mit dem Abbruch potenzielle „Investitionsruinen" und unnötige Belastungen für alle Beteiligten verhindert oder zumindest minimiert (Boy/Dudek/Kuschel 1995, S. 91), doch bleiben beiderseits nicht selten schlechte Gefühle haften, derer man sich als Entscheider nicht immer schnell (manchmal nie) entledigt.

Fakt ist, Kultur-Projektmanagement ist mehr als nur methodisches Arbeiten. „Wie bei allen anderen Managementaufgaben spielt auch beim Projektmanagement die personelle Qualifikation des Leiters, das heißt, seine Führungsqualifikation, sein Integrationsvermögen, kurz seine Persönlichkeit eine ausschlaggebende Rolle" (Madauss 1994, S. 386). Eine Teamführungspersönlichkeit benötigt dementsprechend eine gefestigte Grundhaltung, die der einer erfolgreichen Geschäftsführung entspricht, d. h. einen ausgeprägten Grad an Rollenflexibilität und Selbststeuerungsfähigkeit. Hinzu kommen fundierte methodische Kenntnisse, um gleichsam zu führen wie das Gesamtprojekt systematisch zu strukturieren.

5   Strukturelle Erfolgsfaktoren im Kulturprojekt

Kultur-Projektmanagement bedeutet zum großen Teil planerisches Arbeiten. Wesensmerkmal erfolgreicher Kulturprojekte ist eine möglichst frühe und objektive Aufschlüsselung einer komplexen Aufgabe in sachspezifisch-planerische und zwischenmenschlich-steuernde Lösungsprozesse. Neben den Erfolgsfaktoren Individuum und Projektteam hängen Ergebnisqualität und Nachhaltigkeit eines Projekts maßgeblich von der Projektorganisation und dem Projektprozess ab. Die Qualität von Projektplanung und Prozess-Strukturierung macht den Hauptunterschied zur bis heute weit verbreiteten Ad-hoc-Improvisation in Projekten aus. Eine ideale Projektbearbeitung folgt drei Grundprinzipien (Boy/Dudek/Kuschel 1995, S. 32):

1. Es gibt eine klare und für alle Beteiligten verständliche bzw. zugängliche Strukturierung des Projekts in Projekt- bzw. Entwicklungsphasen.
2. Es wird vom Groben zum Detail, d. h. vom Generellen zum Speziellen, gearbeitet.
3. Die Projektsteuerung beinhaltet aktive, gezielte, integrative und transparente Problemlösungen bzw. Interventionen.

Der tatsächliche Projektmanagementerfolg hat viele Variablen bzw. Dimensionen, die sich aus der Gesamtqualität der Projektzusammenarbeit unter jeweils aufgaben- und situationsspezifischen Rahmenbedingungen ableiten. Aufgrund des situativen und aufgabenspezifischen Charakters von Kulturprojekten kann es entsprechend nicht *das* Projektmanagement bzw. die Projekt-Blaupause geben, die immer und automatisch zum Erfolg führen, schließlich sind Projekte qua definitionem einzigartig. Dennoch lassen sich solche Variablen kategorisieren, die einen Erfolg begünstigen, bzw. deren Ermangelung das Risiko eines Scheiterns erhöhen. Diese sind im Wesentlichen (nach Steinle 1998, S. 25 ff.):

1. *Struktur- und Planungsebenen:* Jedes Kulturprojekt braucht eine klare Projektstruktur, d. h. Differenzierung in Planung, Organisation, Führung, Kontrolle und Umgang mit Veränderungen (siehe Kap. 6–9).
2. *Lebensphasen eines Projekts:* Jedes Kulturprojekt wird von den Akteuren konsequent und diszipliniert anhand der vorgegebenen bzw. vereinbarten Schrittfolge bearbeitet (siehe Kap. 6.1).
3. *Problemlösungszyklen:* Es gibt in jedem Kulturprojekt regelmäßige Reviews, Statusabgleiche sowie ggf. aktive Handlungskorrekturen in jeder Phase des Projekts (siehe Kap. 9.2).

4. *Umfeldfaktoren:* Jeweils spezifische Rahmenbedingungen (z. B. Qualifikation
    im Projektteam, politisches Umfeld usw.) werden aktiv in Projektplanung,
    Umsetzung und Steuerung einbezogen (siehe Kap. 9.1).

Strukturelles Erfolgskriterium im Kultur-Projektmanagement ist der möglichst
treffsichere gedankliche Vorgriff auf das Endergebnis und den Weg dorthin, *bevor* die ersten Umsetzungsmaßnahmen ergriffen werden. Grundvoraussetzung
hierfür ist das Vorhanden- und Bekanntsein der jeweiligen Ergebnis*ziele* (Klein
2008, 31 f.). Ziele sind „beschreibbare Veränderungen einer beobachtbaren Realität"
(Gellert/Nowak 2002, S. 38 f.) zu einem bestimmten Zeitpunkt. Sind sie unklar, ist
Erfolgskontrolle faktisch unmöglich. Erfolg oder Misserfolg unterlägen dann der
mehr oder minder beliebigen bzw. willkürlichen Interpretation auf persönlicher
Werteebene der Interpretierenden. Ohne überprüfbare Ziele gibt es nichts zu überprüfen. Ist ein klares und für alle Beteiligten einheitliches Ergebnisverständnis
nicht oder nur rudimentär vorhanden, muss am Projektanfang daher zunächst „aus
den Projektanforderungen eine klare und eindeutige, für alle Projektbeteiligten
verständliche Zieldefinition abgeleitet werden" (Madauss 1994, S. 65). Diese beschreibt unmissverständlich, was am Ende des Projekts herauskommen soll und
ist zugleich Basis für Maßnahmenplanung, Durchführung und Erfolgskontrolle.
Angesichts der ‚menschbedingten' Einfallstore in der Projektzusammenarbeit,
sind verbindliche, klare und eindeutige gemeinsame Ziele daher der Schlüssel
zum Erfolg. Erfolg wiederum ist einer der wirkungsvollsten Motivatoren über
das einzelne Projekt hinaus.

5.1 Auftragsklärung und Zieldefinition im Kulturprojekt

Ein Ziel ist ein „gedanklich vorweggenommener, zukünftiger Zustand, der bewusst
ausgewählt und gewünscht" sowie „durch aktives Handeln erreicht wird" (Boy/
Dudek/Kuschel 1995, S. 43). Nach DIN 69901 umfasst ein Projektziel ein nachzu-
weisendes Ergebnis bzw. (als Teilziel) eine vorgegebene Realisierungsbedingung
der Gesamtaufgabe eines Projekts (Mente 1998, S. 107). Kulturprojekte kommen
auf unterschiedlichste Weise zustande, etwa mit einer Idee aus einem Organi-
sationsfachbereich, einer Anregung aus der Geschäftsführung oder von Seiten
eines externen Projektgebers. Projekte werden demnach nicht immer von den
Projektausführenden selbst initiiert, sondern haben einen extern anstoßgebenden
Ideen- bzw. Auftraggeber. In der tagtäglichen Projektrealität sind diesbezüglich
zwei wesentliche Beobachtungen zu machen:

1. Nicht immer ist der Auftraggeber tatsächlich von vornherein so klar, wie
    es scheint. Ist es nun die Geschäftsführerin oder letztlich der zuarbeitende

Geschäftsführungsreferent – wer trifft real welche Auftragsentscheidungen? Bestimmt der Regisseur, das künstlerische oder das kaufmännische Direktorium oder doch die tragende Produktionsgesellschaft – oder alle zusammen?

2. Viele Aufträge klingen beim ersten Hinhören klar und eindeutig, machen einen prägnanten Eindruck – sind es in Wahrheit jedoch nicht. Mancher Auftrag ist lediglich eine mehr oder minder eindeutige *Ideen*beschreibung.

ⓘ **Praxisbeispiel Planungsauftrag Werkschau**

Die Ziel- bzw. Auftragsbeschreibung „Planen Sie bis [*Datum*] und mit [*Spezifizierung Ressourcen*] eine erfolgreiche Werkschau postmoderner bildender Künstler" klingt als Auftrag für viele kulturaffine Menschen eindeutig. Zumindest setzt die Aufgabenbeschreibung sofort ein Verständnis und Ideen für die Durchführung frei. Klar und eindeutig ist sie jedoch nicht, denn: Was heißt in diesem Zusammenhang ‚erfolgreich'? Was zählt in diesem Zusammenhang zur postmodernen bildenden Kunst? Und wozu soll das Ganze dem Projektgeber dienen; was ist das Ziel *hinter* dem Ziel; geht es um einen gesellschaftlichen oder politischen Bildungsauftrag, ums Geldverdienen, um Renommee oder um alles zusammen? – Letztlich ist der ‚Auftrag' hier unklar.

Umso wichtiger ist die exakte Auftrags-, Rollen-, Verantwortlichkeits- und Zielklärung zum Projekteinstieg bzw. bei der Auftragsvergabe. Eine exakte Zielformulierung ist Grundvoraussetzung bereits bei Projektanbahnung und Projektvorplanung, denn das Ziel ist Richtschnur und Maßstab aller folgenden Projektaktivitäten (Boy/Dudek/Kuschel 1995, S. 43). Ziele entscheidenden über Erfolg oder Misserfolg eines Vorhabens. Ob spezifisch auf die Projektarbeit oder generell auf die Organisation als Gesamtheit bezogen: In der Praxis scheitern viele Vorhaben allein deshalb, weil in der Startphase unpräzise bzw. nicht verbindlich genug mit klaren Zielen gearbeitet wird (Nagel/Wimmer 2004, S. 259).

Dem Grundverständnis interner wie externer Kundenorientierung folgend, liegt die Auftrags- und Zielklärung in der Verantwortung des Projekt*nehmers* und ist zugleich in dessen eigenem Interesse. Daher: „Prüfen Sie den Projektauftrag auf ‚Herz und Nieren'! Bei Unklarheiten und Widersprüchen führen Sie eine Klärung mit Ihrem Auftraggeber herbei" (Boy/Dudek/Kuschel 1995, S. 45). Denn ist ein Auftrag nur vordergründig klar, so wird je nach Kenntnis, Erfahrungshintergrund und Rahmenbedingungen jede/r Beteiligte eine eigene Vorstellung entwickeln, was darunter zu verstehen und was anschließend zu tun ist. Das fertige Resultat wird die Vorstellung des Auftraggebers dann lediglich zufällig treffen. Darum ist unbedingt sicherzustellen, dass Auftraggeber und Projektbeteiligte die gleichen Vorstellungen im Kopf haben.

5.1.1 Der Projektauftrag: Das gemeinsame Auftragsverständnis

Die Projekterwartungen müssen für alle relevanten Beteiligten – auch und insbesondere innerhalb des Projektteams – verständlich, eindeutig und transparent sein. Ein allenthalben einheitliches Auftragsverständnis ist im Sinne einer für alle gleichen, sachbezogenen Orientierung nicht zuletzt Mittel der Konfliktprävention (Madauss 1994, S. 336 ff.). Die Übersetzung von Erwartungen in Ziele beinhaltet jedoch mitunter selbst Konfliktstoff:

Funktion + Potenzial	Herausforderung
Ziele schaffen Transparenz und Klarheit	Transparenz ist nicht immer von allen Beteiligten erwünscht, denn sie bedeutet auch Nachprüfbarkeit und erschwert ‚Versteckspiele'.
Ziele schaffen Verbindlichkeit	Verbindlichkeit bedeutet auch, dass andere etwas von einem einfordern können.
Ziele erleichtern Entscheidungen	Ziele sind selbst Auswahlentscheidungen; eine Auswahl zu treffen, bedeutet aber immer auch, andere Dinge von vornherein auszuschließen.
Ziele geben Orientierung	Zielorientierung verlangt gleichzeitig Offenheit und Ehrlichkeit mit sich selbst und anderen, u. a. sich zu bekennen, wenn man vom Weg abgekommen ist.
Ziele machen Erfolg messbar	Messbarkeit von Erfolg heißt ebenso Feststellbarkeit von Misserfolg – keiner kann sich herausreden.
Ziele wirken integrativ	Integration bedeutet auch, eigene Interessen zurückstellen zu können.

Tabelle 8   Funktion und Konfliktpotenzial von Zielen

Es ist dringend zu empfehlen, vereinbarte oder vorgegebene Ziele sowie das Auftragsverständnis schriftlich festzuhalten und das Dokument erst abzuzeichnen, wenn zuvor von allen Vertragsparteien die Bestätigung des gleichen Verständnisses eingeholt wurde (Klein 2008, S. 39 f.). Anschließend sollte das unterzeichnete Schriftstück allen Beteiligten zugänglich sein. Auf diese Weise wird Missverständnissen vorgebeugt. Zugleich kann hinterher keiner der Beteiligten mehr sagen: ‚Das habe ich nicht gewusst.' Ein übliches Standard-Formular für diesen Zweck ist der *Projektauftrag* (Boy/Dudek/Kuschel 1995, S. 44), in dem die wesentlichen Ergebniserwartungen und Rahmenbedingungen zusammengefasst werden (Tab. 9).

Projektauftrag:		
Projekt-/Auftraggeber		
Projektleitung		
Hauptzielsetzung		
Teilziele		
Aufgabenstellung		
Zu erarbeitende Ergebnisse		
Projektbudget		
Projektmitarbeiter/innen		
Randbedingungen/Sonstiges		
Starttermin	Dauer/Laufzeit	Endtermin
Zwischentermine/Haupt-Meilensteine		
Unterschrift Auftraggeber/in		Unterschrift Projektleitung
Ort, Datum		Ort, Datum ....

Tabelle 9   Formular-Grundstruktur Projektauftrag

Als vertragliches Bindeglied zwischen Projektgeber und Projektnehmer dient der Projektauftrag als Legitimationsbasis für das gesamte weitere Vorgehen. Je verbindlicher und zugleich aktivierender, d. h. zu konkreter Handlung animierend, er abgefasst ist, desto besser abgesichert ist das anschließende Tun. Hierzu ist es notwendig, möglichst lösungsneutral das Was (nicht das Wie) zu beschreiben sowie die Erwartungen zu konkretisieren bzw. zu erläutern.

5.1.2 Strategische Zielentwicklung im Kulturprojekt

Wesentliches Kennzeichen von Projektmanagement ist die gleichermaßen planerisch-strukturgebende wie strategisch-entwickelnde Herangehensweise an Projektaufgaben. Das Planungsvorgehen folgt den Grundannahmen strategischen Handelns, also dem 3-Schritt-Verfahren nach Lage – Ziel – Maßnahmen.

	Planungsschritt	Leitfragen
1.	Lage	• Von wo aus starten wir? • Was ist die Ausgangssituation? • Welches sind die Voraussetzungen?
2.	Ziel	• Wo wollen wir hin? • Was soll im Projekt-Endergebnis stehen? • Was ist im Ergebnis anders als beim Start? • Woran bemessen wir unseren Projekterfolg?
3.	Maßnahmen	• Was führt uns von der Ausgangssituation zum gewünschten/angestrebten Ergebnis? • Welche Schritte werden unternommen, um nachweislich vom IST zum SOLL zu gelangen?

Tabelle 10   Vorgehen nach Lage – Ziel – Maßnahmen

Zugunsten einer funktionierenden Planungschronologie macht nicht immer automatisch das Starten mit dem Start Sinn. Insbesondere in Entwicklungsprojekten, d. h. wenn etwas von Grund auf neu erschaffen werden soll, ist es sinnvoll, mit der Zielbestimmung zu beginnen und erst im Anschluss die Start-Situation zu beschreiben. Gleiches gilt für Projekte, insbesondere für organisationsinterne Projekte, die explizit der Bewältigung eines drängenden Problems bzw. einer akuten Krise dienen. Ungeachtet der Tatsache, dass es hier unbedingt sinnvoll ist, von vornherein die Möglichkeiten externer Unterstützung zu prüfen, kann ein Planungs- bzw. Entwicklungseinstieg anhand der Ziele (nämlich der Vision vom *gelösten* Problem) dabei helfen, eine Arbeitsrichtung hin zum Guten (statt weg vom Schlechten) zu initiieren (Bemmé 2008a, S. 144 ff.). Die Abfolge Ziel – Lage – Maßnahmen ist auch dann hilfreich bzw. unumgänglich, wenn ein (meist nur verkürzt dargestellter) Projektauftrag intern oder extern ausgeschrieben und vom Projektgeber ein Bewerbungsverfahren angestrebt wird, bei dem bereits die Qualität der Bewältigungs- bzw. Lösungsideen ein mitentscheidendes Auswahlkriterium für die Auftragsvergabe ist.

ⓘ **Praxisbeispiel Kulturprojektausschreibungen**

Mitunter ist sich ein Projektgeber zum Zeitpunkt der Projektauslobung selbst noch nicht im Klaren darüber, was exakt im Endergebnis stehen soll. Ressourcen-, kompetenz- oder willensbedingt verlassen sich manche darauf, dass der Wettbewerb um den Zuschlag als solcher zur weiteren Ergebnispräzisierung beitragen wird. Verfügt eine projektgebende Organisation über ein hochattraktives Image, kommt es vor, dass der vorgelagerte Lösungsideen-Wettbewerb potenzieller Projektnehmer auf Basis des an den Zuschlag gekoppelten Renommees sehr bewusst in Kauf genommen wird und (schlimmstenfalls zu Ungunsten des Projektnehmers) auch funktioniert. – Diese Erfahrung machen u. a. freischaffende Kulturprojektmanagement-Einsteiger/innen, soweit sie sich (z. B. aus einem wirtschaftlichen Engpass heraus) weniger fokussiert auf Projektbudgets etablierter Kultur- und Medienanbieter bewerben oder das Verhandlungsgespür, vielleicht auch der Mut fehlt, benötigte Zusatzinformationen einzufordern. Mal bewusst und mal unbewusst werden so unspezifizierte Aufträge ausgelobt, deren Charakter erst im Projektverlauf präzisiert wird, sich (z. B. mit Erkennen des Schaffens- und Lösungspotenzials der Projektnehmer) nachträglich verändert, bzw. bei denen sich der Arbeitsumfang erweitert, ohne dass die Rahmenbedingungen (maßgeblich verfügbares Zeit- und Kostenbudget) mit angepasst werden.

5.1.3 Psychosoziale Grundannahmen zur Zielarbeit

In letztlich jeder Lebenssituation können Ziele mitunter ein heikles Thema sein. Nicht selten fördert der Prozess der Zielfindung und Formulierung genau den ,sozialen Zündstoff' an die Oberfläche, der sonst die meiste Zeit in den Köpfen der Beteiligten verborgen bleibt (Bemmé 2008a, S. 27 ff.). Die Art und Weise im Umgang mit Zielen – mit Inhalt, Form, Reichweite, Grad an Verbindlichkeit usw. – ist eng an die persönlichen Grundeinstellungen und oft unbewussten individuellen Interessen der jeweils Beteiligten gekoppelt.

Für manche Menschen ist das aktive Setzen und Anstreben von Zielen im Leben etwas grundsätzlich Positives und Selbstverständliches. Sie haben eine klare Vorstellung, wo genau es mit ihnen und ihrem Leben hingehen soll und wählen dementsprechend Maßnahmen, von denen sie annehmen, dass diese sie schnellstmöglich und ohne Umweg dorthin führen, wohin sie gelangen möchten. Für sie ist die alternative Ausrichtung am Fluss der Ereignisse – der letztlich von anderen Menschen und Außenwelteinflüssen vorgegeben ist – eine Einschränkung bei der Verwirklichung ihrer persönlichen Interessen. Die Fähigkeit und der Wille, sich selbst Ziele zu setzen und sie zu erreichen, ist Basis individuellen Erfolgs und Garant eines hohen Grads von Unabhängigkeit, im Sinne der ,Selbststeuerungs-fähigkeit' gegenüber sonstiger Fremdbestimmtheit.

Für andere Menschen wiederum stellen Ziele eine existenzielle Bedrohung dar oder sind zumindest ein Hemmschuh, bezogen auf den Erhalt ihrer individuellen Unabhängigkeit. Denn wer sich einem verbindlichen Ziel verschreibt, trifft hierdurch eine einschränkende Auswahl *gegen* eine Vielzahl von anderen Optionen, deren Erreichung nun nicht (mehr) im Fokus steht, bzw. mit der Zielfestschreibung und Verabredung nicht mehr möglich ist. Anders gesagt: „Zielen heißt auch Verzicht" (Migge 2005, S.101). Beispielsweise für Menschen, deren persönliche Grundhal-tung im Leben es ist, sich so oft und lang wie möglich ein ,Hintertürchen' offen zu halten, löst diese be- bzw. einschränkende Wirkung mitunter Ängste und in der Folge (mal bewusst und mal unbewusst) Widerstände aus. Vage bzw. unklare Ziele machen eben zunächst einmal sehr ,flexibel' (Boy/Dudek/Kuschel 1995, S. 42). Für manche Menschen ist ,der Weg das Ziel'. Was auf dem Weg passiert, ist Teil des ,Schicksals' bzw. ergibt sich; Orientierung und persönlicher Zufriedenheitsgrad leiten sich vom Prozess als solchem ab, Steuerung geschieht (zwangsläufig) situa-tiv; Hauptorientierung ist das, was einem von außen widerfährt. Hieran knüpft sich in der Selbstwahrnehmung zugleich oft eine Freiheitsvorstellung, nämlich dass einem immer ,alle Wege offen stehen', weil man sich die freie Auswahl aus dem vorbehält, was um einen herum geschieht. Eine beispielhafte Selbstaussage hierfür ist: ,Dieses Projekt hat mich genau zum richtigen Zeitpunkt gefunden' – statt umgekehrt.

5.1.4 Objektivität und Ausgewogenheit bei der Zielbestimmung

Keine der genannten Grundhaltungen bzw. Lebenseinstellungen ist automatisch immer ,richtig' oder ,falsch' (Bemmé 2008a, S. 28). So kann beispielsweise die Philosophie des Weges als Ziel durchaus zum Erfolg führen. Ohnehin ist die berufliche Zuordnung von persönlichen Lebensstrategien in Werte-Kategorien problematisch. In der berufsbezogenen Persönlichkeitsentwicklung und Verhal-tenssteuerung verlagert man daher die Analyse dahingehend, welche Strategie jeweils situationsbezogen *erfolgversprechender* ist, um am Ende das zu erreichen, was erreicht werden soll. Die Frage ist also nicht, welcher Persönlichkeitstyp sich ,richtig' oder ,falsch' bzw. ,gut' oder ,schlecht' verhält, sondern vielmehr welches Verhalten in welcher Situation mit höherer Wahrscheinlichkeit zum Erfolg führt, also zweckmäßig ist.

In einigen beruflichen Situationen ist eine möglichst genaue und verbindliche Zielfestsetzung oder (besser noch) Zielvereinbarung unabdingbar, um (überhaupt)

ein Ergebnis zu erzielen. Dies gilt für fast alle ‚klassischen' Projektzusammen-
hänge. In anderen Situationen ist es entweder vorschnell ergebniseinschränkend
oder aber schlechterdings unmöglich, exakte Ziele vorab zu bestimmen. Dies
gilt u. a. für viele ganzheitlich ausgelegte und mehrheitlich wirkungsorientierte
Organisationsentwicklungsprozesse. Ebenso wie das Leben an sich nicht wirklich
zuverlässig planbar und vorhersehbar ist, gibt es auch in manchen Kulturprojekt-
bzw. Kulturbetriebszusammenhängen schlicht zu viele einflussnehmende und
zugleich nicht ganz ‚abschaltbare' Variablen, die Einfluss auf Prozessverlauf und
Ergebnis nehmen können. Hier mag es sinnvoller (manchmal auch gar nicht anders
möglich) sein, zunächst mit einem bewusst in Kauf genommenen, höheren Grad
an Ergebnisoffenheit und in der Folge mit Zielkanälen, also einer geduldeten Abweichung vom angestrebten Ideal zu arbeiten (ausführlich: Dörner 2009). – Das
befreit allerdings nicht davon, ein solches Vorgehen dann auch klar und eindeutig
nach außen zu kommunizieren.

Die Fähigkeit zur präzisen Zielarbeit ist generell persönlichkeits-, jedoch
nicht hierarchie- bzw. funktionsabhängig. Nur weil eine Person eine bestimmte
Position oder Funktion (z. B. ‚Projektleitung') bekleidet, muss dies nicht automatisch eine ebenso ausgeprägte Entscheidungs- bzw. Entscheider-Kompetenz oder
ein akut vorhandenes Mandat, entscheiden zu dürfen, beinhalten. Es gibt sowohl
persönliche als auch organisationsbedingte bzw. situative Rahmenbedingungen,
die Einfluss auf die Prägnanz von Zielen und Entscheidungen nehmen. Manchmal
können oder wollen sich Entscheider zum Start eines Projekts nicht entscheiden.
Und die Praxis zeigt, dass *viele* Projekte nur mit vagen Zielen ablaufen, weil die
Beteiligten sich nicht festlegen möchten. Das Projekt kommt dann allerdings
meist wenig oder gar nicht voran bzw. endet nicht selten im Streit (Boy/Dudek/
Kuschel 1995, S. 42). Die Gründe für Nichtentscheidung bzw. Unterlassung oder
mangelnde Prägnanz können vielfältig sein – für das Projektmanagement und eine
zuverlässige Prognose auf den Projekterfolg zählt ausschließlich die Tatsache als
solche. Wer bei der Zielbestimmung *zu* optimistisch, *zu* ergebnisoffen, *zu* sehr von
sich selbst überzeugt oder unaufmerksam bzw. unkonzentriert ist, trägt am Ende
das Risiko eines Scheiterns. Weil Zielarbeit auch im Kulturbetrieb persönlich-
keitsabhängig ist, sind Zielfindung und Formulierung in Gruppen und zwischen
unterschiedlichen Hierarchieebenen oft Ausgangspunkt für Konflikte. Es treffen
neben funktions- und positionsspezifischen oder auch unternehmenspolitischen
Rahmenbedingungen (z. B. öffentliche/nicht-öffentliche Informationen, Sprachregelungen usw.) nicht zuletzt auch unterschiedliche persönliche Lebens- und
Grundeinstellungen und somit unterschiedliche darunter liegende Wertesysteme
und Wahrnehmungspräferenzen aufeinander. Von der Zielformulierung bis zur
Zielerreichung ist es daher ein langer Weg. Erschwerend ist bereits bei der Zielfindung und Formulierung, die drei wesentlichen Ziel-Variablen miteinander in
Einklang bringen zu müssen, nämlich:

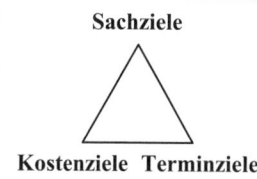

Sachziele	• *Sachziele:* Was soll im Ergebnis stehen? Was ist die Ergebnisqualität?
	• *Terminziele:* Bis wann muss es erreicht sein?
Kostenziele Terminziele	• *Kostenziele:* Was darf es insgesamt kosten?

Abbildung 3   Zielvariablen im Kulturprojekt

Da sowohl (enge) Termin- als auch Kostenziele begrenzende Wirkung auf die Ergebnisqualität, d. h. den möglichen Erreichungsgrad der Sachziele haben, stehen die Variablen meist in Konkurrenz zueinander. Sie erfordern entsprechend einen vorherigen Abgleich hinsichtlich der Machbarkeit eines Projekts (Klein 2008, S. 33 ff.). Letztlich zu beantworten ist die strategische Kernfrage: Was muss bis wann in welchem Kostenrahmen geleistet werden? „Werden in einem Projekt z. B. steigende Anforderungen an die Zielgröße Sachleistung gestellt, ist in der Regel mit längeren Bearbeitungszeiten zu rechnen. Längere Bearbeitungszeiten rufen höhere Kosten hervor" (Boy/Dudek/Kuschel 1995, S. 23). – In der Findung der adäquaten Balance, d. h. der Integration und Steuerung der konkurrierenden Zielgrößen, liegt eine der Hauptherausforderungen in Kulturprojekten.

Ist die Balance einmal gefunden und allen Projektbeteiligten bewusst, so erfüllen Ziele ihre wichtige Integrationsfunktion im Projekt, denn gemeinsam getragene Ziele sind der ‚Kitt', der alle Beteiligten an einem Vorhaben eng zusammenschweißt (Bemmé 2008a, S. 28). Gemeinsame Ziele lassen ein Projektteam stärker werden und ermöglichen ganzheitliches Arbeiten, führen also dazu, dass das Ganze am Ende mehr ist, als die Summe seiner Teile. Als Grundlage muss bei allen Beteiligten Einigkeit über Auftrag und Ziel bestehen. Das bedeutet Transparenz und gleichen Informationsstand bezüglich Ergebnis und Projekthintergrund, also Anlass, Begründung usw. Es ist Aufgabe der Projektleitung, diesbezüglich alle Projektbeteiligten bestmöglich vom Projekt-Sinn und Nutzen zu überzeugen.

5.2   Projektziel-Findung, Priorisierung und Auswahl

Ist das Projektziel bereits vom Auftraggeber fest vorgegeben, beauftragt beispielsweise eine städtische Bezirksversammlung eine Stadtteilentwicklungsgesellschaft mit der Durchführung einer Standortanalyse des lokalen Kulturanbietermarktes, so sind lediglich Ergebniskonkretisierung und Umsetzungsrahmen gemeinsam zu vereinbaren. Ist das Projektziel hingegen nicht vorgegeben, soll beispielsweise in privater Eigeninitiative die lokale Kulturförderung in einem Stadtteil gestärkt werden, werden die tatsächlichen Ziele und Teilziele idealtypisch gemeinsam, z. B. in einer Arbeitsgruppe, einem Steuergremium oder im Projektteam, zunächst gesammelt, nach Relevanz gewichtet und wird anschließend über die Zielauswahl entschieden (Klein 2008, S. 31). Die Sammlung bzw. Findung geschieht ggf. unter Zuhilfenahme von Kreativitätstechniken wie Brainstorming, Mind-Mapping, Szenario-Technik o. ä.

Sobald Zielsammlung bzw. Findung abgeschlossen sind, werden die Ziele im Rahmen der weiteren Ausformulierung konkretisiert. Hierzu werden sie anhand der jeweiligen Eigenschaften aus Inhalt, Ausmaß und Zeit/Termin detailliert beschrieben (Boy/Dudek/Kuschel 1995, S. 45; Gellert/Nowak 2002, S. 38), sodass ihre Erreichung anschließend überprüfbar, d. h. der gewünschte Zustand tatsächlich eingetreten oder die angestrebte Eigenschaft nachweislich vorhanden ist. Grundsätzlich sollte bedacht werden, dass bereits *ein* Ziel ein vollständiges Projekt rechtfertigen und bisweilen die Bearbeitungsmöglichkeiten einer Organisation übersteigen kann, daher ist Vorsicht bezüglich der resultierenden Zielanzahl angezeigt. Viele Vorhaben scheitern, weil als Ergebnis offener Ideenprozesse zuviel gewollt wird oder eine ungeprüfte Übernahme von vermeintlich eindeutigen Auftraggeberzielen dazu führt, dass verdeckte Ziele nicht erkannt werden. Werden aus einer Fülle vorhandener Lösungs- bzw. Entwicklungsideen oder Anforderungen gleichwertige Ziele abgeleitet und in ein einziges Vorhaben überführt, so verfügt ein Projekt schnell über mehr Anforderungen, als ergebnisorientiert und im Rahmen der vorhandenen personellen, zeitlichen und finanziellen Möglichkeiten abgearbeitet werden kann. Und man erkennt oft erst im laufenden Umsetzungsprozess, dass einige angestrebte Ergebnisse zueinander im Widerspruch stehen bzw. welcher Grad an (unbezahlter) Mehrarbeit, Korrekturaufwendung, Unzufriedenheit des Auftraggebers daraus folgen kann.

Bei Vorliegen mehrerer Ziele ist ihre Konkretisierung daher immer auch eine gleichzeitige Kompatibilitätsprüfung. Auf dem Wege der exakten Beschreibung werden frühzeitig potenzielle Widersprüche oder Konkurrenzen innerhalb des Vorhabens (d. h. erreicht man das Eine, so wird die Erreichung des Anderen unmöglich) offenkundig. Es ist sinnvoll, frühestmöglich solche Ziele auszusortieren, die eindeutig im Widerspruch zu anderen Zielen oder zum Gesamtauftrags- bzw. Auftraggeberverständnis stehen. Die Initiative zur ggf. notwendigen Klärung mit dem Auftraggeber liegt auf Seiten des Projektnehmers, üblicherweise bei der Projektleitung. Überdies ist es hilfreich, miteinander inhaltlich in Zusammenhang stehende Einzelziele in Zielbündeln zusammenzufassen. Häufig stellt man hierbei fest, dass einige zunächst gleichwertig bzw. alleinstehend eingestufte Ziele vielmehr Erfüllungsvoraussetzungen (Teilziele) der Gesamtaufgabe sind. Das inhaltliche Zuordnen (Clustern) kann so bereits Hinweise auf eine anschließende Abarbeitungssystematik (Zielhierarchie) geben (Kap. 5.2.2).

5.2.1 Zielanforderungen und Eigenschaften

Ziele zu sammeln und vorzuformulieren ist zeitaufwendig. Immerhin hängt vom Resultat so gut wie alles Weitere im Projekt ab. Um inhaltlich und sprachlich so akkurat wie möglich arbeiten zu können, sollte ein entsprechend großes Zeitfenster einkalkuliert werden – die Zielsammlung und Vorformulierung in Gruppen kann mehrere Stunden, mitunter auch mehrere Tage benötigen. Eine geeignete Orientierung zu Zielanforderungen und Zieleigenschaften gibt die sogenannte SMART-Regel (Gellert/Nowak 2002, S. 38; Klein 2008, S. 43). Ziele sollten laut ihr folgende Kriterien erfüllen:

Spezifisch	thematisch eindeutig/originär, präzise, abgegrenzt?	☐
Messbar	verlässliche Indikatoren zur Erfolgsüberprüfung?	☐
Aktionsorientiert	keine Lösung vorwegnehmend, handlungsgestaltbar?	☐
Realistisch	anspruchsvoll und zugleich machbar?	☐
Terminiert	fest datierter Endpunkt (Zielerreichung)?	☐

Tabelle 11   Checkliste SMART-Regel

Idealerweise sind bei jedem Ziel alle in Tab. 11 dargestellten Kriterien vollumfänglich erfüllt, ehe mit der Maßnahmenableitung begonnen wird. Der SMART-Katalog kann auch als Checkliste bzw. Prüfkatalog an bereits formulierte Ziele angelegt werden, um zu kontrollieren, ob das vorliegende Formulierungsergebnis den Anforderungen gerecht wird. Zusätzlich lassen sich Zielformulierungen anhand folgender Leitsätze überprüfen (Tab. 12):

Das Projektziel ist zwischen Projektleitung und Auftraggeber abgestimmt.	☐
Das Projektziel beschreibt einen Zustand in der Zukunft, der erreicht worden ist (‚Blick zurück aus der Zukunft‘).	☐
Das Projektziel ist komplett ausformuliert (ganze Sätze).	☐
Das Projektziel weist keine Widersprüche zu seinen möglichen Teilzielen auf und umgekehrt.	☐
Die Erreichung des Projektziels ist durch Indikatoren/Kriterien messbar bzw. nachprüfbar.	☐
Das Projektziel ist neutral (sachlich, objektiv) formuliert.	☐
Das Projektziel ist operational (nicht als Fern-Szenario oder Vision) formuliert.	☐

Tabelle 12   Checkliste Projektziel-Definition

Obgleich zwischen Zielen und Maßnahmen inhaltlich und methodisch streng zu unterscheiden ist, ist es durchaus zulässig, mehrere Ziele sowie zum Ziel führende

Prozesse oder auch Maßnahmen innerhalb eines Texts zu formulieren, soweit dies der Verständlichkeit (z. B. Einbettung in einen Gesamtkontext) dienlich ist. Es ist individuell zu klären, wie zweckdienlich ein solches Vorgehen jeweils ist.

ⓘ Praxisbeispiel Ergebnisziel Open-Air-Konzertreihe

Mittels einer fortlaufend aktualisierten Open-Air-Konzertreihe deutschsprachiger Hip-Hop-Künstler ist zwischen dem 1. Juni und 31. Juli 2012 die Zielgruppe Hauptschüler/innen im Stadtteil Berlin-Marzahn auf das Musiklabel AB aufmerksam zu machen, um im Zeitraum zwischen Projektbeginn und Ende des Jahres 2012 im Vergleich zum gleichen Vorjahreszeitraum einen Mehrabsatz an verkauften deutschsprachigen Hip-Hop-Tonträgern innerhalb dieser Zielgruppe in Höhe von XY generiert zu haben.

Die fortlaufende Aktualisierung des Open-Air-Konzertangebots ist in diesem Beispiel die Kernmaßnahme, Ergebnisziel ist der messbare Mehrabsatz an Tonträgern im spezifizierten Zeitraum im Vergleich zum Vorjahreszeitraum. Woran lässt sich dies ablesen? – Hauptunterscheidungskriterium zwischen Zielen und Maßnahmen ist, dass das Lösungsvorgehen selbst nie das Endergebnis bzw. die Lösung darstellt (Boy/Dudek/Kuschel 1995, S. 45). Während das Ziel eine Eigenschaft oder einen Zustand beschreibt, beschreiben Maßnahmen immer Handlungen bzw. beschreiben Maßnahmenpakete Handlungsprozesse, die zur Zustandserreichung beitragen. Im genannten Beispiel wird vielleicht der Projektprozess, nicht jedoch das Projekt-*Ergebnis* daran bemessen, ob und wie das Konzert-Programm fortlaufend aktualisiert wurde oder alle Beiträge deutschsprachig oder Hip-Hop-Musik waren, sondern ob mittels des Projekts die Mehrabsatzzahlen innerhalb des Messbereichs nachweislich erreicht wurden. Die konsequente Unterscheidung zwischen Maßnahmen und Zielen ist deswegen besonders wichtig, weil viele Menschen die Neigung und Arbeitsgewohnheit haben, einer Aufgabenbeschreibung direkt mit assoziativen Handlungskonstrukten zu begegnen, also umgehend Maßnahmenaktivitäten einzuleiten. Ergebnisorientiertes Projektmanagement setzt jedoch voraus, erst den gewünschten Endzustand zu beschreiben, ehe gehandelt wird – anders kann es keine Klarheit geben, welche Richtung die Handlungen benötigen, um am effizientesten den gewünschten Effekt zu erzielen. Wer das Ziel nicht kennt, wird entsprechend nicht den am besten geeigneten Weg finden.

5.2.2 Zielprioritäten nach Muss – Soll – Kann

Zur Prioritätensetzung ist es notwendig, sich immer wieder gemeinsam auf den ursprünglichen Projektauftrag zurück zu besinnen, daher wird empfohlen, diesen jederzeit schriftlich zur Einsicht verfügbar zu halten. Ergeben sich aus der projektteaminternen Zielarbeit Unklarheiten oder Widersprüche zum Projektauftrag, so ist es zwingend notwendig sowie kundenorientiert, das erneute Abstimmungsgespräch mit dem Projektgeber zu suchen. Ein hilfreiches Priorisierungs- und Auswahlraster für die Zielarbeit ist das Vorgehen nach Muss-Soll-Kann-Prinzip (Tab. 13). Anhand von drei Leitfragen und ggf. eines gemeinsamen Votums im Team (z. B. Feed-back-Auswertung, Punktevergabe, ‚Wahl' o. ä.) werden die Ziele unterschiedlichen Prioritätskategorien zugeordnet:

1. Was *muss* unbedingt erreicht werden, damit das Projekt aus Projektgebersicht am Ende ein Erfolg ist?
2. Was *sollte* zusätzlich erreicht werden, um dem Projektgeber im Sinne einer Übererfüllung einen Zusatznutzen bieten zu können?
3. Welcher weitere Zusatznutzen *kann* sich aus dem Projektverlauf ergeben, der zugleich das Gesamtergebnis aufwertet?

Zielsetzungen			
Projekt:			
Zielsetzung	MUSS für das Projekt	SOLL für das Projekt (Zusatznutzen)	KANN für das Projekt (Wunsch)

Tabelle 13   Sammelblatt Zielsetzungen nach MUSS – SOLL – KANN

Vorteil einer solchen Prioritätensetzung ist, dass beim Zuordnen der Ziele nach unterschiedlichen Prioritätsstufen erneut mögliche Zielkonkurrenzen deutlich werden. Beispielsweise kann das Ziel ‚messbar mehr externe Weiterbildungsmaßnahmen für die Belegschaft' im Widerspruch stehen zum Ziel ‚Personalmittel-Kürzung'. Indem zunächst Haupt- und Nebenziele nach Ergebnisrelevanz nebeneinander gestellt und so in eine horizontale Zielhierarchie gebracht werden (Abb. 4), ergibt sich eine erste Struktur des angestrebten Idealergebnisses. Von links beginnend

hat das Hauptziel höchste Priorität (ist ein MUSS und zugleich Minimalziel),
nachgelagerte Nebenziele haben nach rechts fortlaufend geringere Priorität (sind
SOLL- oder KANN-Ziele).

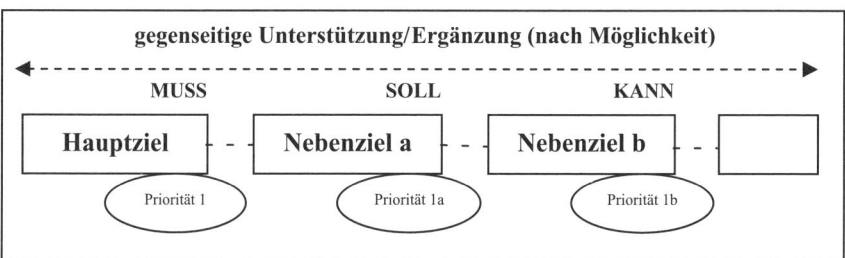

Abbildung 4   Horizontale Zielhierarchie

Zugleich kann beispielsweise das Ziel ‚Steigerung der Besucherzahlen um 10 % bis
31.12.2012' ein nachgeordnetes Unterziel des Hauptziels ‚Einnahmensteigerung
unseres Museums um 20 % bis Ende erstes Quartal nächsten Jahres' sein. Man hat
in diesem Fall nicht mehr zwei nebeneinanderstehende, wahlweise voneinander
unabhängige oder sich begünstigende Ziele, sondern vielmehr ein nachgeordnetes
Teilziel (Steigerung der Besucherzahlen), von dem das Erreichen des Hauptziels
(Einnahmensteigerung) direkt oder indirekt abhängt.

Indem man diese Ziele in logischer Rangfolge (jeweilige Zielabhängigkeit)
untereinander anordnet, wird zugleich eine erste Abarbeitungsstruktur deutlich
(Abb. 5), nämlich welche einzelnen Ziele Erfüllungsvoraussetzungen (Teilziele)
eines übergeordneten Ziels sind. Hieraus ergibt sich die ‚vertikale Zielhierarchie',
Das bedeutet, die Erreichung des hierarchisch nächst niedriger stehenden Teilziels ist jeweils Voraussetzung zur Erreichung des hierarchisch höher stehenden
Ziels. Erreicht man das niedriger stehende Ziel, so wird die Erreichung des höher
stehenden Ziels wahrscheinlicher oder sogar erst möglich.

Üblicherweise wird horizontal unterschieden zwischen Haupt- und Neben-
sowie vertikal zwischen Ober-, Zwischen- und Unterzielen. Für die einfachere
Vorstrukturierung von komplexeren Projekten eignet sich alternativ die Unterscheidung in (horizontal) *Ergebnis-* und (vertikal) *Vorgehens*ziele (Abb. 6). Ein
Ergebnisziel ist das Hauptziel eines Projekts, Vorgehensziele sind diejenigen
(vertikal nachgeordneten) Ober-, Zwischen- bzw. Unterziele, die zur Erreichung
des Ergebnisziels führen. Der Ergebniszielerreichungsgrad trifft am Ende des
Projekts eine Aussage über die Qualität des Projekt*ergebnisses*. Die Erreichung
der Vorgehensziele gibt eine Aussage über die Qualität des Projektmanagements,
sprich den Projekt*prozess*.

partnerschaftliche Vertragsebene verlässt. Die Neigung dazu ist qua menschlicher Disposition grundsätzlich als stark anzunehmen. Im Ergebnis drohen dann schnell Steuerungslosigkeit und Konflikt; schlimmstenfalls leiden darunter auch die persönlichen Beziehungen – durchaus über die Projektlaufzeit hinaus. Insbesondere unklare Teamführungsrollen und hieraus erwachsene Konflikte haben schon so manches Team an den Rand der Arbeitsunfähigkeit gebracht. Hinter scheiternden Projektteams stehen oft zu oberflächliche Absprachen über die Zusammenarbeit (Gellert/Nowak 2002, S. 23 ff.)

4.4.2 Leiten durch Vorgaben vs. Führen mit Zielen

Der im deutschen Sprachraum gängige Begriff ‚Leitung‘ ist bisweilen irreführend bzw. greift streng genommen zu kurz und sollte auch im Kulturmanagement durch den Begriff ‚Führung‘ ersetzt werden. Wenngleich im Alltag austauschbar verwendet, bedeuten ‚Leitung‘ und ‚Führung‘ im Kern verschiedene Dinge. Leitung bildet lediglich Teile von Führung bzw. von Management ab, maßgeblich die *autoritäre* Führung, also mittels Anweisung, Vorgabe, Verbot (‚Machen Sie…‘; ‚Sehen Sie zu…‘; ‚Sie müssen…‘; ‚So nicht‘ usw.), Ergebnis- *und* Prozess-Kontrolle (‚Zeigen Sie mal her‘), Strafandrohung (‚Wenn nicht, dann…‘), Lob von oben herab (‚Gut gemacht…‘) und ggf. rigider Ahndung von Fehlern bzw. von Nichterfüllung (‚Das wird für Sie Folgen haben…‘). Leitung im Verständnis autoritärer bzw. direktiv-strukturierender Führung (auch *Telling* genannt) ist demnach nur einer von mehreren zur Verfügung stehenden Führungs*stilen* (Bemmé 2007b, S. 8) und steht im zeitgemäßen Verständnis von Führung gleichberechtigt neben den verfügbaren Alternativen des Überzeugens und Unterstützens *(Selling)*, des Beteiligens *(Participating)* und des Delegierens *(Delegating)*. Führung orientiert sich demnach an den unterschiedlichen und unterschiedlich stark ausgeprägten Selbststeuerungskräften auf Seiten der Projektteam-Mitglieder (Boy/Dudek/ Kuschel 1995, S. 91) und impliziert Motivationsarbeit, die je nach Persönlichkeit der Adressaten über das Anweisen hinausgeht. Beispielsweise wirkt es auf ein Teammitglied, dass über die Fähigkeit und Gewohnheit verfügt, eigenständig und selbstverantwortlich zu arbeiten, irritierend oder gar frustrierend, wenn der Eindruck entsteht, die Führungskraft wolle es durch Vorgaben und Kontrolle bevormunden. Hingegen wirkt das Treffen gemeinsamer Verabredungen, das Delegieren zusammenhängender Aufgaben, die gemeinsame Besprechung der vorliegenden Ergebnisse und der Verzicht auf Prozesskontrollen hier motivierend und leistungsstimulierend. Leitung und Führung unterscheiden sich grundsätzlich wie folgt (Bemmé 2007b, S. 5):

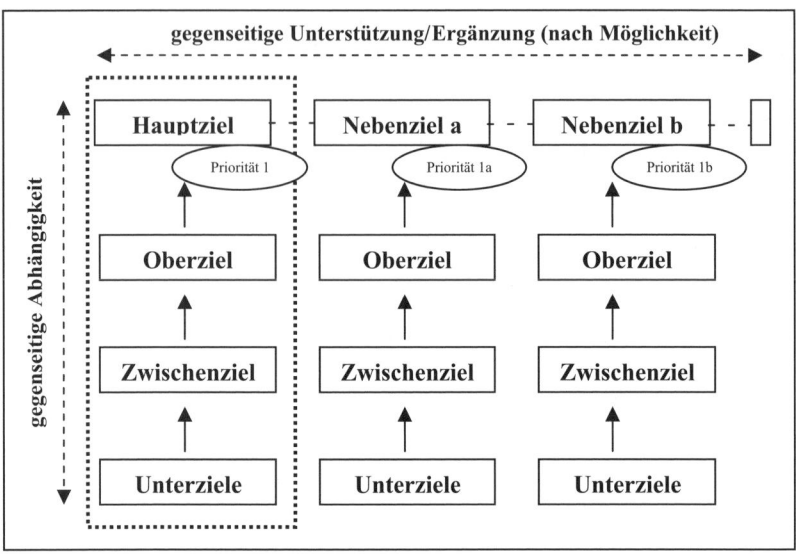

Abbildung 5   Vertikale Zielhierarchie

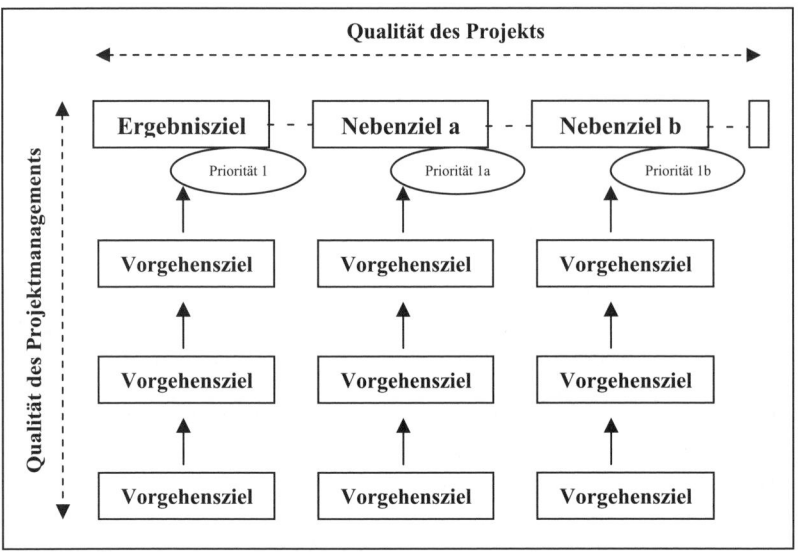

Abbildung 6   Ergebnis- und Prozessqualität

Projektziele haben insofern wichtigen ordnungsgebenden Charakter bzw. übernehmen eine Ordnungsfunktion, und viele Projekte scheitern „nicht etwa an mangelnder fachlicher Kompetenz der am Projekt beteiligten Mitarbeiter, sondern an dem organisatorischen Durcheinander" (Madauss 1994, S. 86). Zielkonkretisierung und Zielprioritäten ermöglichen es diesbezüglich, zu einem frühen Zeitpunkt im Projekt eine erste Grobstruktur festzulegen. Eine stimmige Zielhierarchie kann Missverständnisse, beispielsweise bei der Bemessung sich ableitender Ressourcenaufwendungen, frühzeitig ausräumen. Gelingt es beispielsweise, frühzeitig die zwingend notwendigen Kosten für die Muss-Ziele von den zusätzlichen Kosten für „Nice-to-Have-Konzepte" (Madauss 1994, S. 290) zu trennen und entsprechend zu kommunizieren, fallen Handlungsentscheidungen, Entscheidungsargumentation und Erfolgsbeweis bezüglich der Maßnahmen weitaus leichter.

6   Projektumsetzungsplanung und Implementierung

Projektstrukturierung und Maßnahmenableitung im Kulturprojekt verlaufen grundsätzlich vom Groben zum Detail. Das planerische Projektgrundgerüst ergibt sich aus der kausallogischen Anordnung der Haupt- und Nebenergebnis- sowie der Vorgehensziele (Kap. 5). Aus jedem Ziel leiten sich Teilprozesse bzw. Aufgabenbündel ab. Auf ihnen aufbauend wird die erste Projektstrukturplanung (PSP) erstellt, welche alle Hauptaufgaben abbildet. Die Projektstrukturplanung (Abb. 8) stellt die Planungsgrundlage zur weiteren Projektsteuerung dar.

Die Teilaufgaben werden im Rahmen der Konzeptions- und Definitionsphase in bearbeitungsfähige Maßnahmen übersetzt, die zur Zielerfüllung beitragen (müssen). Ebenso wie die Ziele sind auch die zu ihrer Erreichung beitragenden Maßnahmen im Rahmen der Planung in kausallogische Rang- und Reihenfolge zu bringen. Im Sinne der Ressourcenplanung ist zudem festzustellen, „zu welchem Zeitpunkt und in welchem Umfang die verschiedenen Aufgaben voraussichtlich anfallen werden" (Gellert/Nowak 2002, S. 39). Schritt für Schritt ergibt sich in der Projektstrukturplanung (PSP) so ein höherer Detailgrad (Abb. 7), bis hin zum konkreten Einzel-Arbeitsauftrag, dem Arbeitspaket (AP).

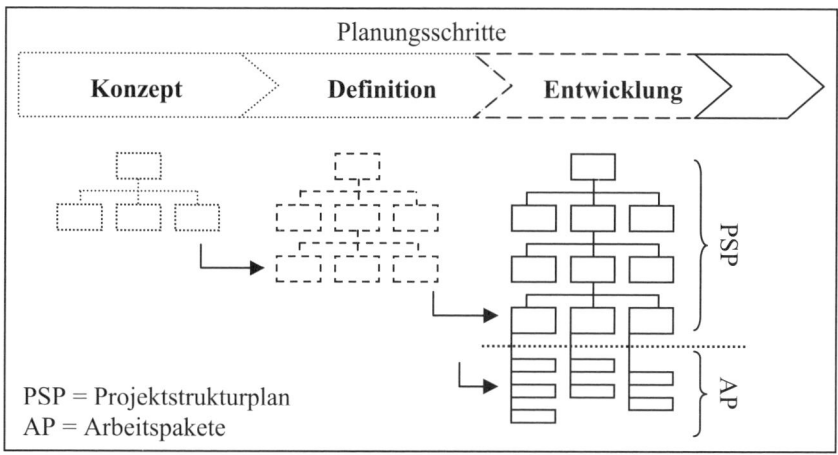

Abbildung 7   Zunehmender Detaillierungsgrad im Planungsverlauf

Der Planungsprozess als solcher ist im Sinne der Terminierung und Ressourcen-
zuordnung bereits fester Bestandteil des Projekts (Boy/Dudek/Kuschel 1995, S. 71).
Das bedeutet, der endgültigen Projektplanung geht die formelle Auftragserteilung
notwendigerweise voraus, und es müssen vorangehend feste Ressourcen (Zeit,
Personal, Budget) zugeordnet werden. Mit anderen Worten: Beim Planungseinstieg
tickt die Uhr bereits. Planen ist zugleich zeitaufwendiger als Ideen oder Lösungs-
vorstellungen zu sammeln und verlangt ein entsprechendes Zeitfenster. Andernfalls
droht dem Projektteam bereits zum Start der Terminverzug. Ein Planungsergebnis
in Form eines Projektstrukturplan-Auszugs für das Beispielprojekt ‚Kongress für
Kultur und Tourismus' ist in Abb. 8 dargestellt.

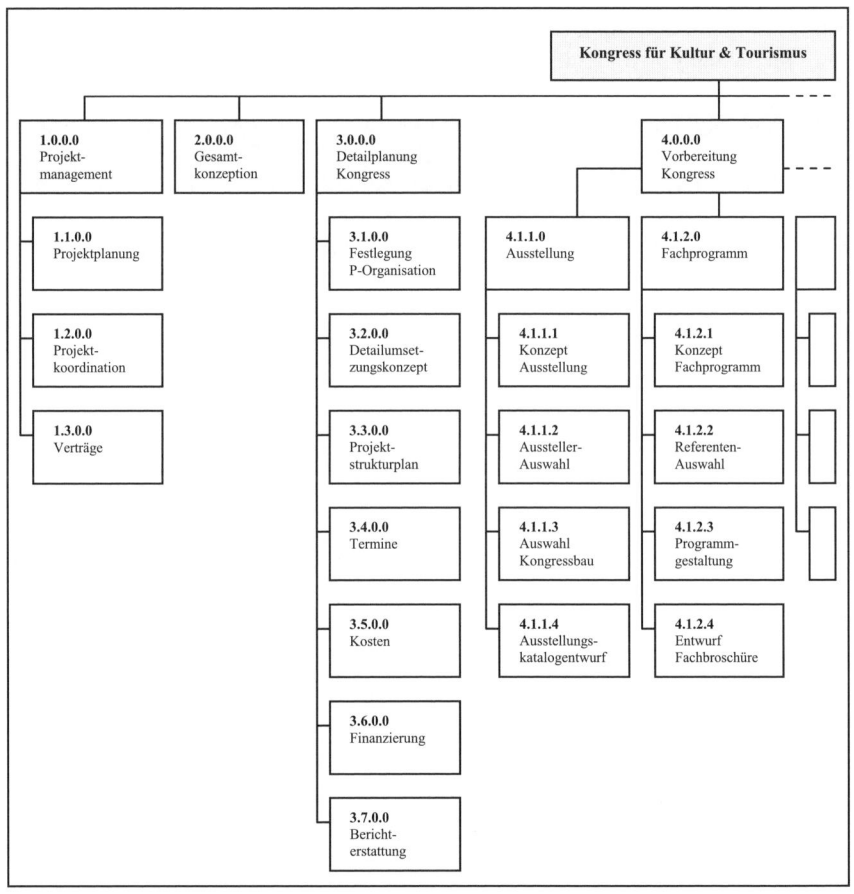

Abbildung 8   Darstellungsbeispiel Projektstrukturplan (Auszug)

Planen heißt, das zukünftige Handeln im Projekt zu durchdenken, den Weg zwischen Ausgangspunkt und Ziel im gedanklichen Vorgriff zu bestimmen und prognostisch abzuschreiten, um bei der anschließenden Umsetzung das geforderte Ziel mit den zur Verfügung stehenden Mitteln zu erreichen. Auf Basis des Projektauftrags und der in ihm festgeschriebenen Ziele muss Planung jedoch immer auch ein dynamisches Verfahrenselement beinhalten, um zuvor anvisierte Maßnahmen auf Basis neu gewonnener Erkenntnisse anzupassen (Madauss 1994, S. 178), wenngleich die *Notwendigkeit* zur Angleichung unbedingt so gering wie möglich zu halten ist. Eine angemessene Zeitkalkulation für den Planungsprozess kommt dem Gesamtprojekt doppelt zugute, weil akribische Vorbereitung und realistische Prognose des Kommenden den Aufwand für potenzielle Nachkorrekturen zu späterem Zeitpunkt gering halten. Je besser die Planung, desto weniger muss anschließend nachgearbeitet werden, um das Projekt auf Kurs zu halten oder dort wieder hinzubekommen. Bei den meisten Projekten nimmt die planerische Einflussmöglichkeit im Verlauf ab. Zugleich steigen mit fortschreitender Projektlaufzeit die bereits getätigten Ausgaben und nimmt die Managementaufmerksamkeit zu; was am Projekt-Ende geschieht, steht unter meist besonders strengem Blick der Projektgeber. Was am Anfang unsauber geplant wird, lässt sich zu einem späteren Zeitpunkt nur noch schwierig korrigieren und verursacht Mehrfachkosten (ungeplanter Extra-Aufwand, bereits getätigte Ausgaben usw.); was kurz vor Schluss fehlläuft, führt automatisch zum Überschreiten des Zeitziels und geschieht zu einem Zeitpunkt, an dem der größte Teil des Budgets bereits aufgebraucht ist.

6.1 Grobplanung des Gesamtablaufs

Abhängig von Größe, Komplexität und verfügbaren Ressourcen kann die Gesamtlaufzeit von Kulturprojekten unterschiedlich lang sein. Zugleich durchlaufen alle ähnliche Stufen bzw. Phasen, verfügen über einen sogenannten Projektlebenszyklus, der in logischer Reihenfolge die Hauptprozess-Schritte beschreibt.

Lebenszyklus, Phasen und Meilensteine im Kulturprojekt

Die Praxis zeigt, dass jeder Projektlebenszyklus aus mindestens vier wiederkehrenden Phasen besteht: 1) Definition, 2) Planung, 3) Realisierung und 4) Abschluss. Jede Projektphase beinhaltet eigene Arbeitsschwerpunkte (Abb. 9–10), die anhand von Auftrag und Rahmenbedingungen spezifiziert werden (Boy/Dudek/Kuschel 1995, S. 35):

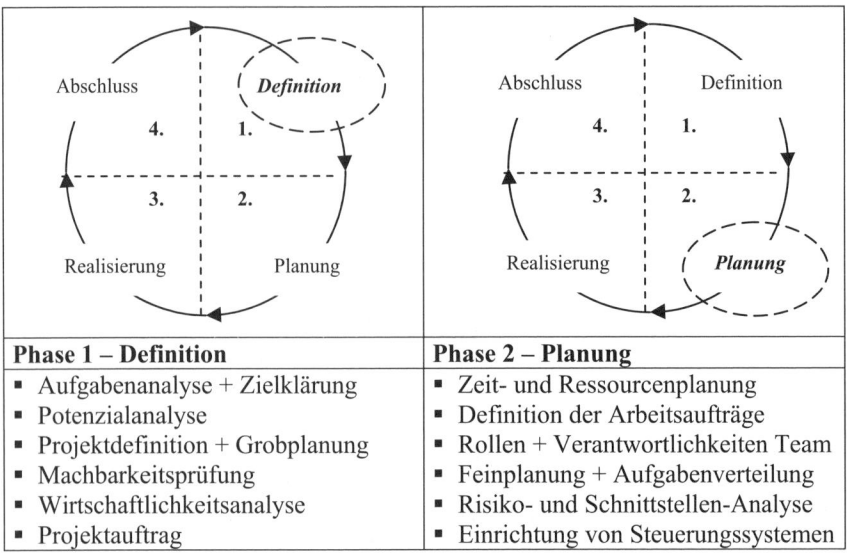

Phase 1 – Definition
- Aufgabenanalyse + Zielklärung
- Potenzialanalyse
- Projektdefinition + Grobplanung
- Machbarkeitsprüfung
- Wirtschaftlichkeitsanalyse
- Projektauftrag

Phase 2 – Planung
- Zeit- und Ressourcenplanung
- Definition der Arbeitsaufträge
- Rollen + Verantwortlichkeiten Team
- Feinplanung + Aufgabenverteilung
- Risiko- und Schnittstellen-Analyse
- Einrichtung von Steuerungssystemen

Abbildung 9   Definitions- und Planungsphase

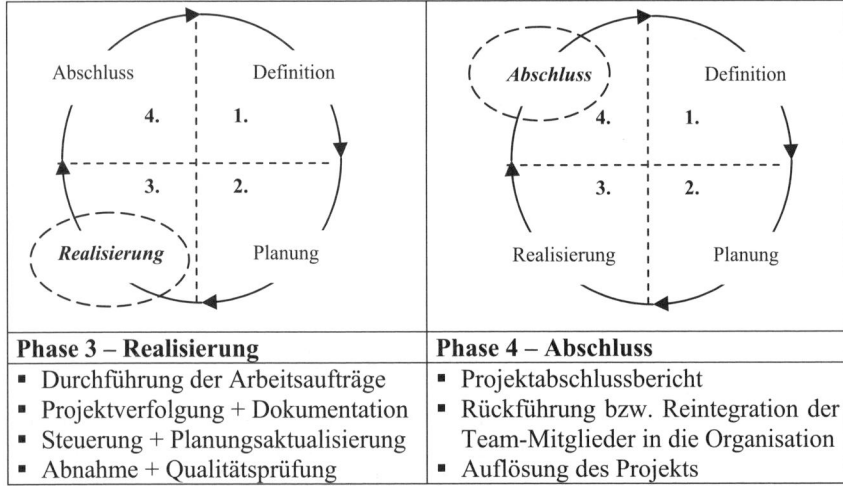

Phase 3 – Realisierung
- Durchführung der Arbeitsaufträge
- Projektverfolgung + Dokumentation
- Steuerung + Planungsaktualisierung
- Abnahme + Qualitätsprüfung

Phase 4 – Abschluss
- Projektabschlussbericht
- Rückführung bzw. Reintegration der Team-Mitglieder in die Organisation
- Auflösung des Projekts

Abbildung 10   Realisierungs- und Abschlussphase

Zwar können aufgabenabhängig Phasen, z. B. Vorentwicklungs- oder Pilotphasen ergänzt werden, doch empfiehlt es sich zu Planungsbeginn grundsätzlich, den Fokus auf die *Grob*planung zu richten, statt bereits komplexe Detaillösungen festzuschreiben. Zu frühe Kleinteiligkeit kann auf Seiten der Projektbeteiligten zu Irritationen führen, wenn im Abarbeitungsprozess immer wieder umfassende Korrekturen nötig werden. Vieles hat sich zwischenzeitlich verändert, die Aktualisierung erweist sich als aufwendig (Boy/Dudek/Kuschel 1995, S. 33), teuer und ist mitunter begleitet von neuerlichen Diskussionen um eigentlich bereits geregelte Grundsatzfragen. Ebenso sind Phasenüberlappungen möglichst zu vermeiden. Auch wenn es im Einzelfall projektspezifische Ausnahmen geben kann (Madauss 1994, S. 77 f.), baut idealtypisch jede Phase auf der vorherigen auf.

ⓘ Praxis-Tipp Abschlussphase

Insbesondere in Phase IV (Projektabschluss) ist eine klare Regelung notwendig, was nach Ende des Projekts mit dem Projektpersonal geschieht. Während dies bei vertraglich geregelter Zusammenarbeit mit Externen (Beratern, Experten usw.) weniger problematisch ist, erwartet Projektteammitglieder aus der eigenen Organisation mit der Rückkehr an den vorherigen Arbeitsplatz eine (erneute) Arbeitsumstellung. Da sich in Kulturprojektzusammenhängen eine intensive Bindung an die Projektgegebenheiten sowie zwischen den Teammitgliedern entwickeln kann, ist das Risiko einer anschließend erschwerten Umgewöhnung nicht zu unterschätzen. Gleiches gilt, sollten Teammitglieder direkt und ohne Zwischenschritt aus dem einen Projekt in ein neues Projekt gehen.

Die Projektphasen innerhalb des Lebenszyklus werden üblicherweise in Form eines linearen Phasen-Ablaufplans (Abb. 11) dargestellt, der ergänzend einen zeitlichen Projektgesamtüberblick gibt und in dem besonders relevante bzw. erfolgskritische Ereignisse, sogenannte *Meilensteine*, verzeichnet werden (Boy/Dudek/Kuschel 1995, S. 32; Klein 2008, S. 163 f.). Ein Meilenstein ist ein fest definiertes Zwischenergebnis bzw. ein besonders relevantes Ereignis, an dem im Rahmen eines Projekts der Abschluss einer Aktivität überprüft wird. Meilensteine dienen der Sicherstellung der im Projektplan festgelegten Termin-, Kosten- und Qualitätsanforderungen und sollten besonders akkurat gesetzt werden. Im Projekt ‚Kongress für Kultur und Tourismus‘ (Abb. 8) sollte beispielsweise ein Meilenstein am Ende von Arbeitsschritt 1.3.0.0 (Verträge) gesetzt werden, denn ohne schriftliche Projektvereinbarungen fehlt die eigentliche Legitimation zur Arbeitsaufnahme und sollte das Projekt nicht begonnen bzw. weiter betrieben werden. Ebenso sollte ein Meilenstein am Abschluss der Gesamtkonzeption (im gleichen Beispiel Arbeitsschritt 2.0.0.0) stehen, denn erst mit der Rückmeldung des/der Maßnahmenverantwortlichen an die Projektleitung, dass die strategische Grundkonzeption abgeschlossen ist, kann eine verbindliche Detailplanung des Kongresses beginnen. Grundsätzlich kann es innerhalb jeder Projektphase Ereignisse geben, die einen Meilenstein rechtfertigen. Nützlich und zugleich effizient ist das Setzen eines Meilensteins zum Abschluss jeder Projektphase. Phasenübergänge im Projekt stellen Zwischenergebnisse dar, die meist unumkehrbar sind (‚points of no return'), daher ist entsprechende Sorgfalt bezüglich Steuerung und Zwischenprüfung angezeigt; letztlich entscheidet sich hier jedes Mal von Neuem das Schicksal des Gesamtprojekts. Grundsätzlich gilt als Regel, dass ein Meilenstein erst überschritten werden darf, wenn die vorher formulierten Anforderungen tatsächlich erfüllt sind. Davon sind Ereignisse ausgenommen, die nachweislich unkritisch für das Projekt sind und deren nachträgliche Erledigung zugleich über die Ablaufplanung sichergestellt wird (Boy/Dudek/Kuschel 1995, S. 37 f.). Das Meilenstein-Symbol ist üblicherweise ‚◊' oder ‚▽'.

Bei der Phasenplanung mit Meilensteinen wird unterschieden zwischen *Anstoß-planung* und *revolvierender Planung*. Die revolvierende Planung (Abb. 11 rechts) bildet einen Projektverlauf ab, bei dem Planungsaufwand und Phasenablauf durch das Projekt hindurch relativ gleichbleibend sind, etwa bestimmte Planungs-, Arbeits- oder Entscheidungsroutinen sich sehr ähneln (z. B. bei Projekt-Fortschreibung). Bei der Anstoßplanung (Abb. 11 links) gibt eine mit einem Meilenstein abgeschlossene Phase den Anstoß zur nächsten Phase, wobei der Gesamtplanungsaufwand von der Grobplanung zur Ausdetaillierung auf Dauer abnimmt oder die einzelnen Phasen sich stärker voneinander unterscheiden (Bemmé 2008a, S. 24). Letzteres ist typisch für erstmalig aufgelegte Projekte. So kann für das Projekt ‚Kongress für Kultur und Tourismus' (Abb. 8) bei der erstmaligen Durchführung eine Anstoß-, bei fortlaufender Wiederholung der gleichen Veranstaltung eine revolvierende Planung sinnvoll sein.

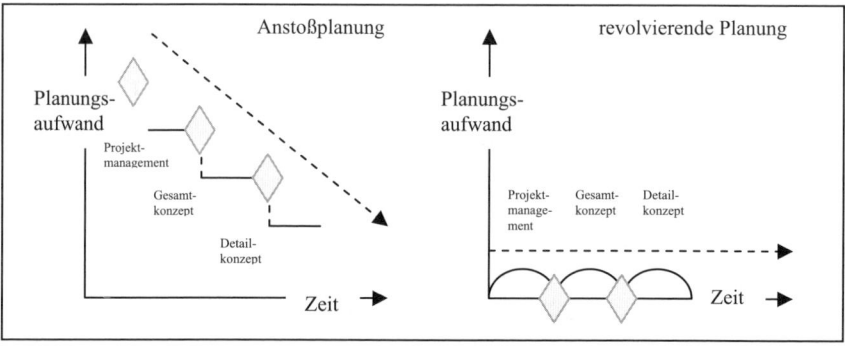

Abbildung 11   Grundstruktur von Phasenplanungen mit Meilensteinen

6.2 Laufzeit- und Maßnahmenplanung im Kulturprojekt

Die Maßnahmenplanung beinhaltet die Bestimmung, Auswahl und Zuordnung der jeweiligen Arbeitsaufträge, die das Projektteam innerhalb der vorgegebenen Rahmenbedingungen von Projektstart bis Projektende Schritt für Schritt von Vorgehensziel zu Vorgehensziel und schließlich zur Erreichung des Ergebnisziels tragen. Maßnahmen beschreiben den vorgegebenen Weg vom Ist zum Soll und sind zugleich die Bindeglieder zwischen den einzelnen Etappen. Zur exakten Beschreibung der Maßnahmen und sich daraus ergebenden Einzelaktivitäten ist die Leitfrage zu beantworten: *Wer macht wann bzw. bis wann was mit wem in welcher Weise?* Die Beantwortung dieser ‚W-Fragen' ist Grundlage des Maßnahmenkatalogs. Einfache Arbeitshilfe hierfür ist die tabellarische Ersterfassung, hier am Beispiel der Detailplanung des ‚Kongresses für Kultur und Tourismus' (Arbeitsschritt 3.0.0.0):

Was	Wie	Wer	Mit wem	(bis) Wann
Maßnahme	Methode	Verantwortlich	Schnittstelle	Termin
3.1.0.0 Festlegung Projektorganisation	Workshop Projektteam	Projektleitung	Gesamtteam	12.01.2012
3.2.0.0 Erstellung Detailumsetzungskonzept	Arbeitsgruppe + Teambesprechung + Einzelgespräche	Gruppenleitung	Projektleitung + Gesamtteam	26.01.2012
3.3.0.0 Erstellung Projektstrukturplan	Einzelarbeit + Teambesprechung + Einzelgespräche	Projektleitung	Gesamtteam	09.02.2012
3.4.0.0 Festlegung Terminplan	Einzelarbeit + Teambesprechung + Einzelgespräche	Projektleitung	Gesamtteam	09.02.2012
3.5.0.0 Erstellung Kostenplan	Arbeitsgruppe + Teambesprechung + Einzelgespräche	Gruppenleitung	Projektleitung, Controlling + Gesamtteam	12.02.2012
3.6.0.0 Planung Finanzierung	Arbeitsgruppe + Teambesprechung + Einzelgespräche	Projektleitung	Controlling, Gesamtteam	13.02.2012
3.7.0.0 Erstellung Berichtssystematik	Arbeitsgruppe + Teambesprechung + Einzelgespräche	Gruppenleitung	Projektleitung, Gesamtteam	13.02.2012

Tabelle 14   Beispielstruktur Maßnahmenkatalog

Soweit innerhalb eines Bearbeitungsintervalls keine direkte Abhängigkeit besteht, können Maßnahmen bzw. Einzelaktivitäten parallel abgearbeitet werden, was zu kürzeren Laufzeiten führt. Da jedoch jeder Arbeitsschritt zumindest indirekt mit allen anderen zusammenhängt und einige Arbeitsaufträge Schnittstellen mit mehreren anderen Aufträgen haben können, ist der Strukturierungsprozess mit zunehmender Projektkomplexität anspruchsvoll. Eine Maßnahmensortierung nach Vorbild des in Tab. 14 skizzierten Verfahrens sollte daher besonderes Augenmerk auf die jeweiligen Maßnahmen- bzw. Auftragsschnittstellen richten, d. h. wer wann mit wem *gemeinsam* an einer Lösung arbeiten muss. Aus diesem Grund ist es besonders sinnvoll, innerhalb des Projektteams soweit möglich ganze Maßnahmenpakete oder Projektteile zu verteilen, bzw. interdisziplinäre Unter-Teams zu bilden. Idealtypisch ist jede Maßnahme zusätzlich vor dem Start einer Plausibilitäts- und Machbarkeitsprüfung zu unterziehen, d. h. zu klären:

a) Ist die Maßnahme XY sinnvoll bzw. notwendig und trägt zur Erreichung des Ziels bzw. Teilziels bei?

b) Ist die Maßnahme XY innerhalb der (begrenzenden) Rahmenbedingungen realistisch umsetzbar, d. h. kann sie auch erfüllt werden?

Eine Maßnahme darf nur dann umgesetzt werden, wenn sie plausibel *und* machbar ist. Insbesondere für die meist besonders ressourcenbegrenzte Projektarbeit im Kulturzusammenhang gilt, dass vieles Sinnvolle nicht automatisch auch umsetzbar ist. MUSS und KANN sind hier umso klarer zu trennen. Schlussendliche Antwort auf die Frage, was Bestand behält und was der Streichung unterliegt, gibt im Zweifelsfall die Zuordnung der zur Ausführung verfügbaren Ressourcen.

6.3 Aufgaben-, Zeit- und Ressourcenplanung im Kulturprojekt

Projektsteuerung wie Projektevaluation, d. h. kontinuierliches Prozessmanagement und kontinuierliche Erfolgsüberprüfung, setzen voraus, dass verbindliche Indikatoren vorliegen, die überprüfbar sind und relevante Projektteile beschreiben, auf die tatsächlich auch steuernd Einfluss genommen werden kann. Diese sind entsprechend im Planungsprozess mithilfe von Einzelplänen zu bestimmen und festzuschreiben.

6.3.1 Einzelpläne und Planarten

Jede Gesamtprojektplanung wird in Einzelpläne aufgeteilt, die als Planungsgesamtsystematik zusammengehören. Nach Vorbild des Maßnahmenkatalogs (Tab. 14) lassen sich die wesentlichen Einzelpläne bestimmen, die im Rahmen der Gesamtplanung zu bedenken sind (Boy/Dudek/Kuschel 1995, S. 71).

Teilplan	Inhalt	Leitfragen
1. Projektstrukturplan (Kap. 6)	WAS	▪ Was ist alles zu tun? Welche Maßnahmen sind insgesamt zu bedenken? ▪ Welche Maßnahmen hängen wie zusammen?
2. Projektablauf- und Terminplan (Kap. 6)	WAS + WER + WANN	▪ Was muss bis wann im Einzelnen erledigt werden? ▪ Wer kommt für die Erledigung in Frage? ▪ Wann bzw. bis wann muss wer es erledigt haben?
3. Kapazitätsplan (Kap. 7)	WER + WIE- VIEL	▪ Wer ist wann und in welchem Umfang verfügbar? ▪ Wer erledigt was in welchem Umfang? ▪ Wie viel Zeit, Personal und somit Budget wird für die Erledigung benötigt?
4. Kostenplan und Projektgesamtkosten (Kap. 6.4)	WANN + WIE- VIEL	▪ Zu welchem Zeitpunkt entstehen welche Kosten? ▪ Was kostet zu welchem Zeitpunkt wie viel? ▪ Wie hoch ist die Summe aller Kosten?
5. Qualitätsplan (Kap. 8)	WIE	▪ Wie bzw. in welcher Weise werden die Maßnahmen bearbeitet? Was sind die geeigneten Verfahrens- und Verhaltensweisen im Prozess?

Tabelle 15   Teilpläne der Gesamtprojektplanung

Eine der gängigsten Formen zur gleichzeitigen Darstellung von Aufgaben- und Zeitverteilung ist der Balkenplan (Madauss 1994, S. 204 f.; Bemmé 2010a, S. 7). Sein großer Vorteil ist die einfache Lesbarkeit sowie die Überprüfbarkeit von Terminen und Termineinhaltung (Tab. 16). Wahlweise kodiert (z. B. laufende Nummer ,1, 2, 3...' usw. plus Aufgabe/Aktivität ,A1, A2... B1, B2' usw.) oder namentlich benannt sowie unter Angabe des abgebildeten Zeitintervalls (z. B. Kalenderwoche oder Datum), gibt der Plan Informationen über Beginn, Abschluss, Überschneidung oder Synchronität von Aufgaben auf einen Blick und bietet der Projektleitung einen schnellen Soll-Ist-Vergleich zum Stand der Aktivitäten bzw. Notwendigkeit der Intervention im Falle der Planüberschreitung. Aufgrund ihrer einfach zugänglichen grafischen Darstellung eignen sich Balkenpläne bzw. Balkenplan-Diagramme ideal als Projektstatus-Gesamtübersicht, z. B. als Ausdruck im Projektbüro zur Einsicht für die Teammitglieder.

Überdies sind sie nicht zuletzt in Projektstatus-Besprechungen gutes Mittel, um die Konsequenzen von Zeitverzug, Aufgabenverschleppung o. ä. für das Gesamtprojekt sowie den jeweils notwendigen Entscheidungs-, Handlungs- bzw. Interventionsbedarf zu verdeutlichen. In Tab. 16 ist beispielhaft der Balkenplandiagramm-Auszug für eine mögliche Arbeitswoche im Projekt ,Kongress für Kultur und Tourismus' dargestellt, wobei die Arbeitsaufgaben/Aktivitäten hier in Form von vollständigen Arbeitsschritten/Maßnahmenpaketen (en bloc) aufgeführt sind.

Lfd. Nr.	Detailplanung *Kongress für Kultur und Tourismus* Bearbeitet von: Projektleitung			09.02.	10.02.	11.02.	12.02.	13.02.
3.3.0.0	Erstellung PSP	0,5 Tage	Soll	09. – 09.02.				
			Ist	09. – 09.02				
3.4.0.0	Festlegung Terminplan	0,5 Tage	Soll	09. – 09.02.				
			Ist	09. – 09.02.				
3.5.0.0	Erstellung Kostenplan	2 Tage	Soll			11. – 12.02.		
			Ist		10. – 11.02.			
3.6.0.0	Planung Finanzierung	1 Tag	Soll					13. – 13.02.
			Ist					13. – 13.02.
3.7.0.0	Erstellung Berichtssystematik	2 Tage	Soll				12. – 13.02.	
			Ist			11. – 12.02.		

Tabelle 16   Beispiel Balkenplan-Diagramm

Automatisierte Balkenplandarstellungen sind Standardausstattung bzw. Hauptdarstellungsart der meisten handelsüblichen Projektmanagement-Software-Programme. Während die manuelle Aktualisierung von Balkenplandiagrammen bei komplexen Projekten sehr aufwendig sein kann, benötigt sie in der Software lediglich wenige Grundeinträge in der Datenbank und einen anschließenden Knopfdruck. Zusätzlicher Vorteil: In der frühen Planungsphase können mit geringem Aufwand und in kurzer Zeit unterschiedliche Verlaufsszenarien durchgespielt und das optimale Verfahren ausgewählt werden.

Neben Projektstrukturplan, Maßnahmenkatalog und Balkenplan, empfiehlt sich die zusätzliche Darstellung aller Einzelaufgaben in Form eines sogenannten *Netzplans* (Madauss 1994, S. 205 ff.; Klein 2008, S. 167 ff.). Die Netzplantechnik integriert die einzelnen Arbeitsaufträge in eine Gesamtdarstellung, wobei der große Vorteil in der möglichen Abbildung von inhaltlichen wie zeitlichen Abhängigkeiten, sprich der Vernetzung, zwischen den einzelnen Aufgaben liegt.

Im Beispiel ‚Studienfahrt' in Abb. 12 kann mit Feststehen des Zielortes und Termins parallel die Organisation von Unterkunft, Anreise sowie die Informationsrecherche zu den Örtlichkeiten geschehen, ehe alle Mitreisenden anschließend informiert werden. Die Erstellung des Aktivitätenplans vor Ort geschieht bei der Info-Veranstaltung oder parallel – bevor der Aktivitätenplan jedoch nicht von allen verabschiedet (Genehmigung/Freigabe) ist, kann die Reise nicht beginnen.

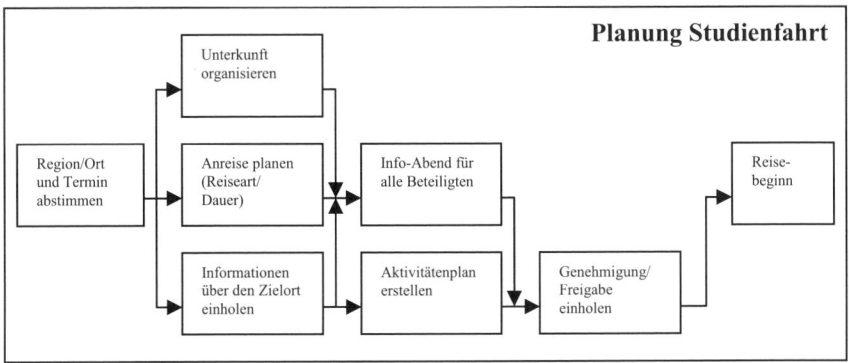

Abbildung 12   Beispiel Netzplan-Struktur

Auch bei der Netzplanerstellung bietet eine Softwarelösung deutliche Vorteile gegenüber papiergestütztem Arbeiten. Mit wachsender Komplexität ist das manuelle Verschieben und Neuterminieren der Einzelaufgaben sowie die Gesamtvisualisierung ebenso nervlich belastende wie zeitaufwendige Fleißarbeit.

6.3.2 Das Arbeitspaket als kleinste Maßnahmen- und Recheneinheit

Mit Vorliegen von Projektdesign, Maßnahmenkatalog und vollständigem Projektstrukturplan werden die einzelnen Maßnahmenpakte in Einzelaufgaben – sogenannte *Arbeitspakete* – aufgefächert, ehe sie zur Bearbeitung im Team verteilt werden. „Jedes Arbeitspaket (AP) stellt im Gegensatz zu den Endprodukt-orientierten PSP-Elementen (…) eine echte Aufgabe im Sinne von Arbeit dar" (Madauss 1994, S. 199). Sind alle Arbeitspakete festgelegt, werden die jeweils damit verbundenen Einzeltätigkeiten ausdetailliert. Die Summe aller Arbeitspakete stellt den gesamten Leistungsumfang eines Projekts dar. In der Praxis hat sich die Erfassungsstruktur von Arbeitspaketen in Form von Mini-Leistungsbeschreibungen als hilfreich erwiesen (sie Muster Tab. 17).

Arbeitspaket [AP] – Beschreibung		
Code/Zuordnung:	Name:	Verantwortlich:
Ziele AP/Ergebnis:		
Schnittstellen/Voraussetzungen:		
Voraussichtliche Vorgehensweise/Tätigkeiten/Arbeitsschritte:		
Aufwand [h]:	[€]:	
Dauer:	Anfang:	Ende:

Tabelle 17   Beispielstruktur Arbeitspaket (AP)

6.3.3 Laufzeitkalkulation im Kulturprojekt

Die endgültige Termin- und Ablaufplanung geschieht auf Basis der in richtiger (realistischer) Abfolge und Vernetzung sortierten Arbeitspaket-Beschreibungen. Hierzu werden die jeweiligen Arbeitspakete in notwendiger Abarbeitungschronologie von Projektanfang bis Ende sowie unter Angabe ihrer minimal benötigten und maximal verfügbaren Bearbeitungsdauer aneinandergereiht bzw. miteinander verknüpft (Abb. 13). Auf diesem Wege ergibt sich Schritt für Schritt von links nach rechts die sogenannte *Vorwärtsrechnung*, d. h. frühester Anfangszeitpunkt + Bearbeitungszeit = frühester Abschlusszeitpunkt einer Aufgabe.

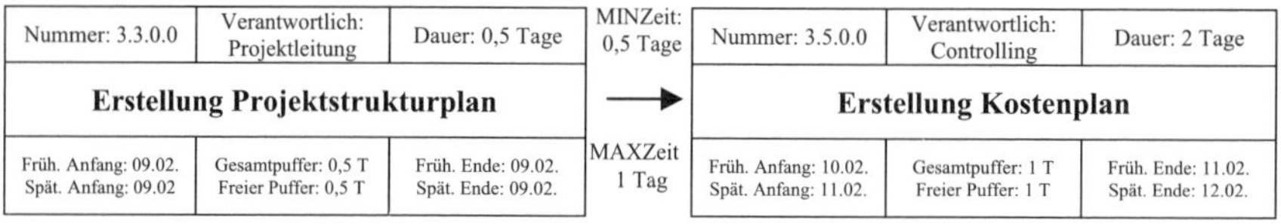

Nummer: 3.3.0.0	Verantwortlich: Projektleitung	Dauer: 0,5 Tage	MINZeit: 0,5 Tage	Nummer: 3.5.0.0	Verantwortlich: Controlling	Dauer: 2 Tage
Erstellung Projektstrukturplan			⟶	**Erstellung Kostenplan**		
Früh. Anfang: 09.02. Spät. Anfang: 09.02	Gesamtpuffer: 0,5 T Freier Puffer: 0,5 T	Früh. Ende: 09.02. Spät. Ende: 09.02.	MAXZeit 1 Tag	Früh. Anfang: 10.02. Spät. Anfang: 11.02.	Gesamtpuffer: 1 T Freier Puffer: 1 T	Früh. Ende: 11.02. Spät. Ende: 12.02.

Abbildung 13   Verknüpfung von zwei Arbeitspaketen

Neben der Vorwärtszeitrechnung sollte ebenso eine *Retro-Zeitkalkulation* bzw. *Rückwärtsrechnung* vorgenommen werden. Durch die Rechnung Abschluss letzter Arbeitsvorgang minus Vorgangsdauer = spätester Anfangszeitpunkt, wird bestimmt, wann *spätestens* mit einer bestimmten Arbeit begonnen werden darf, ohne den Gesamtzeitplan zu gefährden. Hierdurch lassen sich die zwingend einzuhaltenden, keine Abweichung duldenden Bearbeitungsfristen besonders kritischer Vorgänge ermitteln und in der Gesamtübersicht darstellen.

ⓘ **Praxis-Tipp: Ermittlung ‚Kritischer Pfad'**

Aus gleichermaßen planerischen wie ‚dramaturgischen' Gründen ist es sinnvoll, den sogenannten *kritischen Pfad* eines Projekts zu errechnen. Dieser ergibt sich aus der Aneinanderreihung sämtlicher Vorgänge und deren Kalkulation ohne Pufferzeiten, d. h. ‚netto'. – ‚Kritisch' heißt: Wird nur einer der Fertigstellungstermine eines Vorgangs überschritten, so verschiebt sich nicht nur der Abschlusszeitpunkt des Vorgangs, sondern automatisch der Projektabschlusstermin. Das Projekt ist dann im Sinne des Zeitziels gescheitert!

Wichtig bei der Bemessung der Aufgabenbearbeitungszeit ist das Einkalkulieren so genannter *Pufferzeiten*, d. h. das bewusste Hinzugeben eines angemessenen Prozentsatzes an Extrabearbeitungszeit zur minimal geschätzten Bearbeitungsdauer. Dies ist nicht nur dann sinnvoll, wenn die Realisierungsgeschwindigkeit bei einzelnen Aufgaben aufgrund von Anspruch, Neuartigkeit oder verfügbarer Lösungskompetenz der Bearbeitenden zu Beginn nicht eindeutig ist. Vielmehr kann es immer auch passieren, dass ein Teammitglied unerwartet (z. B. wegen Krankheit) für einen Zeitraum ausfällt. Pufferzeiten einzukalkulieren, heißt zugleich Raum für einen adäquaten ‚Plan B' zur Hand zu haben. Üblicherweise liegt der Zeitaufschlag bei 10–15 %, kann in Ausnahmefällen (Neuartigkeit des Projekts, personelle Unterbesetzung/Langzeitausfall, Erprobung neuer Arbeitsweisen, Einarbeitung neuer/ungeübter Projektteammitglieder usw.) jedoch auch bis zu 100 % betragen.

6.4 Kostenkontrolle und Kostenrechnung im Kulturprojekt

Da Geldressourcen in Kulturprojekten oft besonders stark limitiert sind, ist es umso wichtiger, so früh wie möglich in der Projektvorbereitung und Planung eine exakte Zuordnung entstehender Kosten zu den Projektzielen, Phasen, Maßnahmen und Arbeitspaketen vorzunehmen, d. h. abzuwägen, „wie ein angestrebtes Ziel im vorgegebenen Kostenrahmen optimal verwirklicht werden kann" (Madauss 1994, S. 19). Leitfragen hierbei sind:

- Welche Minimal-/Maximalkosten entstehen, um ein bestimmtes Projektergebnis (das MUSS) verbindlich zu erreichen?
- In welcher Phase des Projekts entstehen Kosten in welcher Höhe, d. h. zu welchem Zeitpunkt muss welches Budget verfügbar sein?
- Welcher Arbeitsschritt kostet wie viel bzw. wie viel Kosten *darf* der jeweilige Arbeitsschritt qua Projektvorgabe höchstens verursachen?

Ist eine exakte Zuordnung vor Projektbeginn nicht möglich, sollte wenigstens die *Prognose* so fundiert wie möglich sein. Prognosen sind jedoch „eine schwierige Kunst", denn oft lassen sich nur Erfahrungswerte aus der Alltagsarbeit oder aus anderen Projekten heranziehen (Madauss 1994, S. 261). Aus diesem Grund macht das Lernen aus Projekten (z. B. mittels Projektbenchmarking, Evaluation, Wissensmanagement usw.) doppelt Sinn (siehe Kap. 8), beispielsweise die virtuelle oder physische Einrichtung eines spezifischen Projektarchivs (siehe Kap. 7).

Spätestens bei der Kostenrechnung wird deutlich, weswegen Projekte mit zu vielen Ergebniszielen nur selten machbar bzw. realistisch sind. Tatsache ist, „dass sich schon aus Finanzierungsgründen nicht alles technisch Machbare [auch] durchführen lässt" (Madauss 1994, S. 19). Kostenschranken sind immer ausschlaggebende „Kriterien für die Einleitung, Durchführung oder Einstellung eines Projekts. Der Kosten- und Einsatzmittelplanung kommt deshalb eine ganz besondere Bedeutung zu" (ebd. 1994, S. 218). Die detaillierte Kostenschätzung ist zugleich erst anhand der vollständig deklinierten und im Detail beschriebenen Arbeitspakete möglich. Wann immer möglich sollte daher bei der Projektauftragsfestschreibung eine Klausel zum Umgang mit dem Thema Nach-Finanzierung feststehen, um beide Seiten – Projektgeber und Projektnehmer – vor überhöhten und somit potenziell enttäuschten Erwartungen zu schützen. Da eine nachträgliche Budgetanpassung nach oben in den meisten Kulturprojektzusammenhängen ungewöhnlich, zumindest aber immer konflikträchtig ist, ist eine realistische (und somit ggf. auch potenzielle Einschränkungen kommunizierende) Vereinbarung der Projektminimalziele von besonders großer Bedeutung. Dies zeigen nicht zuletzt wiederkehrenden Debatten um öffentlich bzw. politisch gewollte, jedoch von vornherein zu niedrig kalkulierte (Bau-)Großprojekte, wie etwa der Elbphilharmonie Hamburg, deren prognostizierte Kosten in Höhe von 77 Millionen Euro (2005) sich laut Tages- und Wochenpresse (Quellen: Hamburger Abendblatt, DER SPIEGEL, STERN) binnen fünf Jahren auf geschätzte 323 Millionen Euro (2010) vervielfachten.

6.4.1 Projektkostenarten

Kosten sind betriebswirtschaftlich gesprochen der bewertete Verbrauch an Produktionsfaktoren in einer bestimmten Werteinheit (z. B. Geld), die zur Erbringung einer betrieblichen Leistung notwendig sind. Projektkosten umfassen demnach den bewerteten Verbrauch an Produktionsfaktoren zur Erbringung der Gesamtprojektleistung. Die Projektkostenrechnung erfasst daher alle Aufwendungen und Kosten, die für ein Projekt anfallen. Sie hat zum Ziel, jederzeit einen verlässlichen Realkostenüberblick zu ermöglichen, um diesen der Prognose gegenüberzustellen und zu jeder Zeit Kenntnis über den realen Stand verfügbarer Ressourcen zu behalten. Sie stellt zudem die Bewertungsgrundlage dafür dar, ob sich ein Projekt ‚rechnet', also ob Aufwendungen und Kosten gegenüber dem Projektergebnis gerechtfertigt sind. Die Projektkostenrechnung ist somit ein Teil der Wirtschaftlichkeitsrechnung. In der Kulturprojektarbeit unterscheidet man grundsätzlich zwischen unterschiedlichen Kostenarten:

- Personalkosten (z. B. Lohn und Gehalt, Honorare, Steuern, Sozialabgaben)
- Personalabhängige Sachkosten (z. B. Büromaterial, Telefonie, Internet usw.)
- Sonstige Sachkosten (z. B. Rauminstandhaltung, Kfz, Strom, Wasser usw.)
- Kapitaleinsatzkosten (z. B. Raum-/Inventarmiete, Steuern, Versicherungen)

Im Projektmanagement sind die Kostenarten im Wesentlichen auf die Kostenkategorien a) Einzel-/Gemeinkosten sowie b) Interne/externe Kosten verteilt. Oft gestaltet sich die reale Be- bzw. Zurechenbarkeit als schwieriges Unterfangen. Dies sollte zugleich kein Grund sein, den Schritt zu übergehen und den Projektauftrag ohne Kostenprüfung zu unterschreiben – im Resultat hieße dies sonst, dass ein nicht zu unterschätzender Anteil persönlicher Arbeitsleistung (und somit *Lebens*zeit) unbezahlt absolviert wird.

6.4.2 Personaleinsatzkostenberechnung

Die zumeist höchsten rechnerischen Kosten werden durch den notwendigen Personaleinsatz ausgelöst. Ihre Zurechnung erfolgt über Verrechnungsschlüssel und Verrechnungssätze. Der Verrechnungssatz einer Mitarbeiter- oder Projektgruppe (im Beispiel in Tab. 18 sind mehrere Mitarbeiter für ein Jahr zu 100 % für ein Projekt abgestellt) wird beispielsweise folgendermaßen ermittelt:

Kostenart	€	Betrag
Summe Jahresgehälter	€	250.000,00
Summe Jahresnebenkosten	€	50.000,00
Raummiete + Nebenkosten p. a.	€	10.000,00
Telefon, Internet p. a.	€	5.000,00
Reisekosten p. a.	€	8.000,00
Sonstiges	€	7.000,00
Summe	€	**330.000,00**

Tabelle 18   Kosten pro Projektmitarbeiter-Gruppe/Projektteam

Werden für das durch die Gruppe bearbeitete Projekt exemplarisch 7.500 Projekt-arbeitsstunden p. a. zugrunde gelegt, so ergibt sich (330.000,00 € : 7.500 PStd.) ein Betrag von 44,00 € pro Projektarbeitsstunde. – Jede Arbeitsstunde, die ein Teammitglied für das Projekt aufwendet, wird dem Projekt mit 44,00 € belastet – unabhängig davon, ob sein tatsächliches Gehalt exakt 44,00 € pro Stunde beträgt oder aber höher oder niedriger ist. Wesentlicher Engpass bei der Kostenberech-nung in vielen kleineren oder Non-Profit-Organisationen ist, dass oftmals die personenbezogenen Sach- sowie Nebenkosten nicht wirklich bekannt bzw. wenig zuverlässig sind, u. a. weil sie anteilig aus unterschiedlichen Finanzierungsquellen gedeckt oder intern im Rahmen einer nur mehr oder minder transparenten Misch-kalkulation umverteilt werden.

Neben der Berechnung der Projektkosten pro eingesetzter Arbeitsstunde kann es sinnvoll sein, anhand der Personal-, Personalneben- bzw. personalbezogenen Sachkosten den Preis der anteiligen Kulturprojektbeteiligung einer bestimmten Funktionsgruppe für die Stammorganisation aufzuschlüsseln. Mit anderen Worten: Was kostet es die Organisation oder Fachabteilung, wenn (wie beispielsweise in Tab. 19 dargestellt) eine Person für den Projekteinsatz zu 70 % (hier: 1.050 Ein-satzstunden) von seiner/ihrer Stelle (1.500 Arbeitsstunden p. a.) vom Tagesgeschäft abgezogen wird? Handelt es sich um eine mittel bis höher bezahlte Funktion, könnte eine Beispielrechnung so aussehen:

Kostenart	Währung	Betrag
Jahresgehalt	€	73.000,00
Sozialabgaben p. a.	€	11.000,00
Reisekosten p. a.	€	22.000,00
Telefon p. a.	€	1.000,00
Gesamt (1.500 h/p. a.)	€	**107.000,00**
Kosten pro Arbeitsstunde	€	71,33
Gesamtkosten für Projekteinsatz (1.050 h)	€	**74.896,50**

Tabelle 19   Kosten einer anteiligen Projektbeteiligung

Obgleich häufig nur prognostisch, sollte jede Projektkostenkalkulation sämtliche geplante Kosten auf Grundlage des Projektvertrags, eine Aufstellung der Einzelkosten für jede Maßnahme bzw. für jedes Arbeitspaket-Bündel für den gesamten Projektlebenszyklus (inkl. Nachbereitung) sowie realistische Risikokosten, also einen Budget-Puffer enthalten. Möglichst mit dem Projektstart, weil die Planung bereits zum Projektlauf dazugerechnet wird, zugleich aber *spätestens* mit Beginn der ersten Umsetzungsmaßnahmen, ist für eine kontinuierliche Kostenkontrolle bzw. das Kosten-Controlling zu sorgen. Hierzu werden Soll- und Ist-Kosten kontinuierlich schriftlich festgehalten, z. B. in Form eines Projekt- bzw. Projektkostenverzeichnisses, in Tab. 20 exemplarisch für den Personaleinsatz (Berechnungsgrundlage 44,00 €/PSt.) dargestellt.

Nr..	Projekt-bezeichnung	Personalkosten geplant	Summe Manntage geplant	Personalkosten real	Summe Manntage real	Abweichung
1	Kongress für Kultur und Tourismus	6.336,00	18	6.688,00	19	−352,00
2	Einführung QM-System	10.560,00	30	9.856,00	28	704,00
3	Zukunfts-workshop Unterneh-mensvision	3.520,00	10	4.224,00	12	−704,00
	Summe	**20.416,00**	**58**	**20.768,00**	**59**	**−352,00**

Tabelle 20   Projektkostenverzeichnis Personaleinsatz

Aufgabe des Controllings ist es, über den gesamten Projektverlauf hinweg die real entstehenden Kosten mit den eingeplanten Kosten abzugleichen und bei Abweichungen entsprechend nach innen in Richtung des Projektteams und/oder nach außen in Richtung des Projektgebers zu intervenieren.

7 Projektcontrolling – Operatives Management im Kulturprojekt

Ebenso wie im Qualitätsmanagement gilt auch für das Projektmanagement im Kulturbetrieb ein Null-Fehler-Exaktheitsanspruch. Jedoch treten trotz größter Planungsakribie Abläufe und Ereignisse „in der Projektrealisierung nicht immer so ein, wie sie ursprünglich geplant wurden" (Boy/Dudek/Kuschel 1995, S. 86), denn „Planung ist eine Projektion in die Zukunft und sie ist deshalb mit all den Mängeln, die einer Prognose üblicherweise anhaften, belastet" (Madauss 1994, S. 178; ausführlich: Dörner 2009). Zusätzliche Herausforderung ist, „dass eine Vielzahl von Schnittstellen zwischen völlig unterschiedlichen Fachbereichen der traditionell differenzierten und hierarchisch koordinierten Organisation gehandhabt werden müssen" (Steinle/Lawa/Kraege 1998, S. 134). Hier kommt das Projektcontrolling ins Spiel.

‚Controlling' bedeutet soviel wie ‚regeln' bzw. ‚steuern' (Schneidewind 2006, S. 2) und geht über bloße Kontrolle und Überwachung hinaus. Projektsteuerung beinhaltet alle Aktivitäten, die erforderlich sind, ein Kulturprojekt innerhalb der Planungswerte abzuwickeln, die Projektplanung ständig weiter zu verbessern und dem Ziel schrittweise näher zu kommen. „Projektcontrolling ist eine Funktion, die die Planung, Steuerung und Kontrolle besonderer Vorhaben durch die Bereitstellung ergebnisorientierter Informationen zu unterstützen, eine Koordination und Integration der Projektplanung in sich zu gewährleisten sowie für eine Abstimmung mit den Plänen anderer Unternehmensbereiche und der Gesamtunternehmung zu sorgen hat" (Steinle/Lawa/Kraege 1998, S. 134). Effektive wie effiziente Kulturprojektsteuerung erfordert letztlich situativ „intelligentes Reagieren" auf Veränderungen im Projekt (Madauss 1994, S. 223). Intelligentes Reagieren ist durch den gesamten Prozess und über die gesamte Laufzeit sicherzustellen, auch vor dem Hintergrund einer möglichst sofortigen Interventionsmöglichkeit bei Kursabweichung. Je früher Abweichungen festgestellt werden und direkt reagiert werden kann, desto geringer fallen die Kosten der nachträglichen Nachbesserung aus.

7.1 Steuerungsinstrumente im Kulturprojekt

Im Rahmen des Projektcontrollings wird der tägliche Projektablauf überwacht, also laufend Geplantes mit Tatsächlichem verglichen. Projektsteuerung umfasst die Fortschrittskontrolle und ggf. Korrekturintervention bei Über- oder Unterschreitung zuvor vereinbarter bzw. vorgegebener Standards (Madauss 1994, S. 223 ff.). Gegenstände von Controlling sind üblicherweise Termine, Kosten und Sachleistung sowie Arbeitsbedingungen, Motivation der Teammitglieder und Mitarbeiter- und Führungsverhalten. Es wird der jeweilige IST-Stand erfasst sowie anschließend etwaige Abweichungen zum SOLL analysiert und interpretiert. Hieraus leiten sich falls angezeigt gezielte Interventions- bzw. Korrekturmaßnahmen ab. Dass hierzu mehr nötig ist, als nur wiederkehrend aktualisierte Vorgaben und Anweisungen zu geben, ergibt sich in zwischenmenschlicher Hinsicht aus der höchst unterschiedlichen Persönlichkeitsdisposition der ‚Gesteuerten', aus der sich wiederum ein jeweils unterschiedlicher Kommunikationskanal für die Steuernden ableitet. Die immer mehrdimensionale inhaltliche Auswirkung jeder Intervention auf das Gesamtprojekt (Ziele, Menschen und Prozess) bedingt einen integrierenden Projektsteuerungsansatz, dass also alle auf der Sach- *und* Beziehungsebene ausgelösten Wirkungen berücksichtigt werden (Miko 2008, S. 75). Bei der Planung ist für jede Projektphase ein entsprechend funktionales Instrumentarium sicherzustellen (Steinle/Lawa/Kraege 1998, S. 135 ff.; auch Boy/Dudek/Kuschel 1995, S. 87 ff.).

- In *Phase 1*, der Definition des Projekts, stellen der Projektauftrag mit den dort abgefassten Zielen sowie die hauptverantwortlichen Projektentscheider in Person das Controlling-Instrumentarium dar.
- Klassische Steuerungsinstrumente in *Phase 2*, also der Planungsphase, sind Finanz- und Kostenplan, Kapazitäts- und Terminplan sowie Arbeitsverteilungsübersicht, verbrachte Zeitanteile im Projekt, Anwesenheits-/Abwesenheitsplanung (z. B. Urlaub).
- In der Umsetzungs- bzw. Realisierungsphase, der *Phase 3*, hängen die sinnvoll zum Einsatz kommenden Controlling-Instrumente maßgeblich von den projektspezifischen Anforderungen bzw. Rahmenbedingungen ab. Typische Steuerungsmethoden liegen im Bereich des Besprechungswesens sowie der Dokumentation und Dokumentensteuerung, z. B. bezogen auf Kick-off-Meeting, Statusbesprechungen und Maßnahmenanpassung; Reviews, Zwischenberichte und Tagesordnungen sowie Aufgabenfortschritt, Kostenverlauf, Weiterbildungsmaßnahmen usw.
- In *Phase 4*, der Projektabschlussphase, kommen typischerweise eine Abschlusskontrolle, offizielle Projektabschlussberichterstattung (Bilanz) sowie ggf. Feed-back-Sammlung auf der Abschluss-Sitzung oder Abschlusszeremonie zum Einsatz. Soweit Folgeprojekte in Aussicht sind, sind des Weiteren Entscheidungen bezüglich der Mehrfach- bzw. Weiterverwendung des aufgebauten Projektmanagementsystems und ggf. wertvoller gesammelter Erkenntnisse/Informationen zu treffen (Steinle/Lawa/Kraege 1998, S. 137).

---

① Praxis-Tipp Besprechungswesen

Zwar sollte in Projektbesprechungen weder mehr noch weniger berichtet und dokumentiert werden als für das Projekt unbedingt nötig, d. h. das Verfahren schlank bleiben, dennoch ist für jede Besprechung ein ausreichendes (gepuffertes) Zeitfenster einzuplanen. Keine Besprechung sollte ohne Agenda, Ergebnis und Entscheidung über das weitere Vorgehen zuende gehen. Idealtypisch – bei virtuellen Teams/Besprechungen zwingend – wird synchron protokolliert, um Ergebnisse sofort verfügbar zu haben, wobei dem reinen Ergebnisprotokoll ggf. der Vorzug gegenüber Verlaufsprotokollen einzuräumen ist. Die Synchron-Dokumentation geschieht z. B. unter Einsatz von PC/Laptop und Beamer bzw. mittels Desktop-Sharing, Fileserver-Zugang, Online-Konferenz o. ä.

Wer die wesentlichen Aspekte im Projekt (vor allem in internen und externen Meetings/Besprechungen getroffene Vereinbarungen, Entscheidungen usw.) gut dokumentiert, erhöht den Transparenz- und Verbindlichkeitsgrad. Abhängig vom Grad der Verbindlichkeit innerhalb des Projektteams oder bei der notwendigen Zusammenarbeit mit externen Schnittstellen, für die nur selten automatisch auch die internen Team-Spielregeln vorausgesetzt werden können, macht eine besonders disziplinierte Dokumentation Sinn. Passiert es, dass hinsichtlich einer zu lösenden Aufgabe nachträglich die Zuständigkeiten oder Vereinbarungen zur Diskussion stehen (,Ich habe das anders verstanden'/,Ich dachte, dafür wären Sie zuständig' usw.), spart das unkomplizierte Hervorziehen des dokumentierten Vorgangs oder Besprechungsprotokolls viel Zeit und Ärger und schafft schnell Klarheit. Insbesondere für interne und externe Besprechungen, Meetings, Konferenzen sowie Telefonate lohnt sich die Einrichtung eines auf die eigenen Bedürfnisse zugeschnittenen Standardformulars zur Ergebniserfassung (Tab. 21). Ein solches Formular sollte sowohl in Papier- als auch in elektronischer Form vorliegen und nach einem einheitlichen Archivierungssystem (z. B. durch Vergabe von Versionsnummern oder nach Datum) in den Projektunterlagen abgelegt werden.

Grundsätzlich sollten nur wirklich *nützliche* Projektcontrollinginstrumente zum Einsatz kommen. Weder Planung noch Controlling dürfen dazu führen, ein Projekt (etwa des professionellen Eindrucks halber) administrativ zu überladen. Dies gilt besonders für das Arbeiten mit Checklisten, Formblättern und Dokumentationen. Es ist weder notwendig noch zielführend, für jedes Projekt jeden verfügbaren Standardbericht, jeden vorstellbaren Formblattvordruck oder jede an anderer Stelle nützliche Checkliste einzusetzen. Zugleich ist es eine Eigenschaft und ein ,Markenzeichen' der Methode, dass wann immer dem Ziel und seiner effizienten Erreichung dienlich mit einheitlichen Berichts-, Dokumenta-

| Projekt.. |
| Projektbesprechungsprotokoll |

Ort:	Legende
Datum:	A = Auftrag
Erstellt von:	B = Beschluss
Verteiler:	E = Empfehlung
	F = Freigabe
	T = Termin

Projektteil	Projektteil	Projektteil	Projektteil	Projektteil
....	....	....	....	....

Nr. Vorgang	Kurz- zeichen	Ergebnis/Aktion	Erledigt	
			Durch	**bis**

Tabelle 21   Beispiel-Formular Besprechungsprotokoll

tions- und Darstellungsstandards gearbeitet wird. Sie dienen der Beschleunigung von wiederkehrenden (oft administrativen) Tätigkeiten im Projektalltag sowie der Sicherstellung, Nachvollziehbarkeit und Einhaltung von Verabredungen, abgeleiteten Maßnahmen und der Regelkommunikation zwischen den Projektakteuren. Klassische Bestandteile des Projektberichtswesens bzw. der Projektakte sind Projektauftrag, Projektstrukturplan (PSP), Arbeitspakete; Erledigungs- und Checklisten, Status-Fragebögen; Analysen, Zwischen- und Abschlussberichte; Termin-, Zeit- und Einsatzpläne, Kostenübersichten und Kalkulationen sowie Besprechungsprotokolle, Pflichtenhefte usw.

ⓘ **Praxis-Tipp Dokumentationsumfang**

Bei eingesetzten Dokumentations- und Arbeitsstandards sollte auf alles Verzichtbare verzichtet werden, zugleich aber jeder relevante, d. h. erfolgskritische Arbeitsschritt für das Team und ggf. autorisierte Dritte einsehbar sein. Meist fällt die Dokumentensteuerung und Sammlung der Projektleitung zu. Die Aufgabe kann jedoch nach Bedarf ebenso einer anderen Funktion im Projekt zugewiesen oder auch (in kleinen Teams und Projekten) arbeitsteilig bzw. umschichtig verwaltet werden. Insbesondere Projekt-Einsteiger fahren besser, wenn sie lieber einmal zu viel oder zu oft dokumentieren – statt zu wenig oder unvollständig. Besonders wichtig ist die Dokumentation von Besprechungen im Projektteam und zwischen Auftraggeber und Auftragnehmer sowie bei allen (auch kleinen) Entscheidungen und Vereinbarungen im Projekt. Üblicherweise steht am Ende des Projekts ein Abschlussbericht – wer vorher gut dokumentiert, spart hierbei viel Arbeits- und Zeitaufwand (Bemmé 2006, S. 18).

7.1.1 Arbeiten mit Formularen: Ressourcenerfassung & Verteilung

Basis der Ressourcen- bzw. Kapazitätsplanung und der operativen Kapazitätssteuerung kann in kleineren Projekten eine einfache Vorgangs- bzw. Aktivitätenliste (Beispiel ‚Veranstaltungsflyer' Tab. 22) sein (Klein 2008, S. 160 f.; Bemmé 2010a, S. 5). Sie entspricht letztlich einem ausdetaillierten Maßnahmenkatalog (Tab. 14); in ihr sind alle Arbeitspakete tabellarisch erfasst. Für die Verlaufskontrolle kann bei Bedarf eine zusätzliche Spalte ‚Status' ergänzt werden.

AP-Nr.	Was ist zu tun?	Was muss vorher fertig sein?	Frühester Beginn?	Spätester Fertigstellungstermin?	Wer macht es (Name/ Kürzel)?	Von wann bis wann eingeplant?	Netto-Zeit in Stunden	Welches AP folgt?
1	Konzept Veranstaltungsflyer	0	Kalenderwoche 3	Kalenderwoche 3	SB	Kalenderwoche 3	3	2 + 4
2	Flyer entwerfen	1	Kalenderwoche 4	Kalenderwoche 4	NK	Kalenderwoche 4	6	3
3	Flyer drucken	2	Kalenderwoche 5 Montag	Kalenderwoche 5 Dienstag	HH	Kalenderwoche 5 Mo–Di	1	5
4	Verteilerliste erstellen	1	Kalenderwoche 4	Kalenderwoche 5 Dienstag	AH	Kalenderwoche 4 Mo–Fr	3	5 + 6
5	Fertigstellung für Versand	4	Kalenderwoche 5 Mittwoch	Kalenderwoche 5 Mittwoch	AH	Kalenderwoche 5 Mittwoch	3	6
6	Versand	5	Kalenderwoche 5 Mittwoch	Kalenderwoche 5 Donnerstag	AH	Kalenderwoche 5 Mi–Do	1	0

Tabelle 22   Beispiel Aktivitätenliste

Zur inhaltlichen Detailplanung bzw. Darstellung der Einzeltätigkeiten lässt sich nach gleichem Prinzip eine Tätigkeitsübersicht nach Verantwortlichkeitszuordnung erstellen, in Tab. 23 exemplarisch für das Arbeitspaket 5 aus Tab. 22. (Fertigstellung für Versand)

AP-Nr.	Aktivität	Einzeltätigkeiten	Aufwand in Netto-Zeit/ Anzahl Personen	Verantwortlich
5	Fertigstellung für Versand	Umschläge etikettieren	1 Stunde	AH
		Sendungen frankieren	1 Stunde	AH
		Werbeflyer einpacken	1 Stunde	AH

Tabelle 23   Aktivitätenliste mit Einzeltätigkeiten und Personaleinsatz

7.1.2 Personalbedarf planen – Personaleinsatz steuern

Die Bedarfsplanung und Verlaufskontrolle vorhandener Personalkapazitäten und Realeinsatzzeiten ist wesentliches Element der Kapazitätssteuerung und obliegt der Projektleitung. Sie kalkuliert und überprüft Rekrutierung und Einsatz quantitativ wie qualitativ benötigten internen und externen Fachpersonals. Erfassung und Verlaufscontrolling geschehen üblicherweise nach ‚Stunden pro Woche' bzw. ‚Tagen pro Monat'. Wie beispielhaft dargestellt in Tab. 24 (Erstellung und Kostenkalkulation für eine Informationsbroschüre), werden geplanter und realer Zeitbedarf pro Arbeitsvorgang und Funktion/Fachbereich miteinander abgeglichen, etwa für den Vorgang ‚M1' (‚Ideenfindung + Konzept Broschüre' durch das Marketing) 2 Stunden in der Kalenderwoche 3, 4 Stunden in der Kalenderwoche 5 und 1 Stunde in der Kalenderwoche 6. In Summe werden für den Vorgang also 7 Stunden aufgewendet (rechte Spalte).

| AP-Nr. Aufgaben aus Abteilung | Kalenderwoche (KW) | | | | | Zeit (h)/ Vorgang |
	2	3	4	5	6	
M1	Marketing: Ideenfindung + Konzept Broschüre	--	2	1	3	1	7
M2	Marketing: Entwurf Druckvorlage Broschüre	--	--	1	--	1	2
	Summe Zeiteinsatz Marketing	--	2	2	3	2	9
A1	Assistenz der Geschäftsführung: Anbieter-Recherche	2	1	--	--	--	3
A2	Assistenz der Geschäftsführung: Kalkulation Herstellungskosten	1	--	--	--	2	3
	Summe Zeiteinsatz Assistenz der Geschäftsführung	3	1	--	--	2	6

Tabelle 24   Zeitbedarfsplanung für Projekteinsatz

Aus der Bedarfsplanung und realen Personalverfügbarkeit ergibt sich der Einsatzplan im Projekt (Bemmé 2010a, S.5). Dessen Erfüllung wird beispielsweise durch das Stundenaufschreiben (Tab. 27) oder anhand eines vorhandenen Zeiterfassungssystems überprüft. Im genannten Beispiel (Tab. 25) bearbeitet Teammitglied ‚Beier' aus dem Marketing das Arbeitspaket/den Vorgang ‚M1' allein, verteilt auf die Kalenderwochen 3 (1 Stunde), 4 (2 Stunden), 5 (3 Stunden) und 6 (1 Stunde); er benötigt insgesamt 7 Arbeitsstunden für den Vorgang.

AP-Nr. Name/Abteilung	Kalenderwoche (KW)	2	3	4	5	6	Zeit (h)/ Person
M1	Beier/Marketing	--	1	2	3	1	7
M2	Kunze/Marketing	--	1	--	--	1	2
A1	Horn/Assistenz der Geschäftsführung	2	1	--	--	--	3
A2	Schmidt/Assistenz der Geschäftsführung	1	--	--	--	2	3
	Summe Projektstunden	3	3	2	3	4	15

Tabelle 25   Beispiel Personaleinsatzplan und Gesamteinsatzzeit

Stellt eine organisationsinterne Abteilung bzw. ein Fachbereich anteilig für unterschiedliche Projekte Personalkapazitäten zur Verfügung, so sollte dies in einer Kapazitätsrechnung bzw. Übersicht pro Belegschaftsmitglied dokumentiert sein. Im unteren Beispiel (Tab. 26) wendet Mitarbeiter/in ‚Mustermann' über die Kalenderwochen 16 bis 21 insgesamt 107 Stunden für die Beteiligung an 3 verschiedenen Projekten (332/54 h; 333/40 h und 334/13 h) auf; in der Kalenderwoche 17 kommt Herr/Frau Mustermann insgesamt für 18 von 38 Wochenarbeitsstunden verteilt auf die Projekte 332, 333 und 334 zum Einsatz.

Mustermann, P.	Kalenderwoche (KW)	16	17	18	19	20	21	Gesamt
Aufgabe/Stunden								
Projekt 332		--	12	24	6	8	4	54
Projekt 333		--	4	--	16	8	12	40
Projekt 334		1	2	--	--	8	2	13
Fortbildung P-Management		8	--	--	8	--	--	16
Arbeit in Abteilung		17	11	12	8	12	12	72
Sonstige Aufgaben		10	4	--	--	2	4	20
Reserve		2	5	2	--	--	4	13
Total		38	38	38	38	38	38	228

Tabelle 26   Projekt- und abteilungsbezogene Personalkapazität Mitarbeiter

Soweit die projekt- und abteilungsbezogenen Personalkostenschlüssel vorliegen und in der Übersicht ergänzt werden, lassen sich parallel die jeweils real entstehenden Personalkosten für Projekt- und Abteilungseinsatz errechnen. Das Projektcontrolling erhält so zusätzlich eine personenbezogene Übersicht über den Personalbudgeteinsatz, die jeweilige Abteilung über die Kosten der Abwesenheit vom Tagesgeschäft. Stundenaufschreibung (Musterformular Tab. 27) ist insofern Kontrollinstrument als auch mögliche Basis für interne Aufwandsverrechnungen.

Name Mitarbeiter:	Kalenderwoche (KW):				
Nr.	Arbeitspaket	Montag	Dienstag	Mittwoch	Donnerstag	Freitag
Datum.................................	Unterschrift Mitarbeiter/Teammitglied:.................................				
Sichtvermerke	Geschäftsbereich:.........................	Projektleitung:.................................			

Tabelle 27   Muster-Formblatt Stundenaufschreibung

Da bei der Projektplanung der prognostische Genauigkeitsgrad auf Termine und Ressourcenaufwand künftiger Tätigkeiten sinkt, je später die geplanten Vorgänge im Projektlauf liegen, kommt der fortlaufenden Termin- und Realaufwandsaktualisierung im Rahmen des Projektcontrollings eine erfolgskritische Rolle im Kulturprojekt zu. Weil ein gegen alle vorstellbaren Widrigkeiten erhabener Vorgriff auf den gesamten Projektverlauf ausgesprochen schwierig ist, haben Nachverfolgung der Einhaltung sowie Nachsteuerung eine wichtige Frühwarnfunktion. Und obgleich sich Soll-Ist-Vergleiche und Aktualisierungen administrativ sehr zeitaufwendig gestalten können, sind sie letztlich mitentscheidend für die Einhaltung der mit dem Projektgeber vereinbarten Ziele (Bemmé 2010a, S. 6). Insofern ist in diesem Zusammenhang und zugleich immer abhängig von administrativem Gesamtumfang und verfügbaren Ressourcen ggf. der Einsatz geeigneter Projektmanagement-Software abzuwägen.

7.2   Technische Hilfsmittel im Kulturprojekt

Der Prämisse und dem Selbstverständnis von Kultur-Projektmanagement als Methoden- bzw. Unterstützungssystem folgend, ist individuell und von Projekt zu Projekt von den Verantwortlichen zu entscheiden, welche Teil- oder zusätzlichen Methoden zur Anwendung kommen sollen. Dies gilt auch für den Einsatz von IT- bzw. EDV-Unterstützung.

Je komplexer und umfangreicher ein zu bearbeitender Projektauftrag ist, desto sinnvoller ist die Überlegung, Teile der tagespraktischen Projektadministration (Dokumentenerstellung, Planvisualisierung, Terminplanung usw.) zu automatisieren (Madauss 1994, S. 462). Einen diesbezüglichen Mangel an softwaregestützten

Hilfssystemen gibt es nicht, wobei sich (Stand: 2010) grundsätzlich drei Kategorien unterscheiden lassen:

- *Open-Source-Programme* (z. B. dotProject, GanttProject, Redmine, todoyu u. a.): Sie sind kostenlos über das Internet zu erhalten und können für die Verwaltung von Einzelprojekten durchaus schon ausreichende Unterstützung (Zeiterfassung, Terminplanung, Visualisierung usw.) anbieten. Sie eignen sich als Einstieg oder zum Ausprobieren der Praktikabilität softwaregestützter Projektverwaltung für Einzelpersonen und Teams, die gelegentlich Einzelprojekte bearbeiten.
- *Mittlere* und *Small-Business-Lösungen* (z. B. A-Plan, Projekt-Manager u. a.): Die Programme sind mehrheitlich für Multiprojektmanagement geeignet, d. h. für die parallele Verwaltung mehrerer Projekte gleichzeitig. Des Weiteren sind viele von ihnen modular aufgebaut und lassen sich je nach individuellem Bedarf um praktische Zusatzwerkzeuge (Zeitmanagement-Tool, Viewer, SQL-Server-Schnittstellen usw.) und zusätzliche Arbeitsplätze erweitern. Die Mehrfachlizenz einer Basisversion (ohne Zusatzmodule bzw. Aktualisierungen) für fünf Arbeitsplätze kostet etwa zwischen 700,00–1.500,00 Euro.
- *Komplett-* bzw. *Großprojekt-Lösungen* (z. B. MS Project, BITE Projektmanager u. a.): Die gängigen Großlösungen sind multiprojektmanagementgeeignet, bieten verschiedenste Datenbank-, Netzwerk- und Schnittstellenerweiterungen sowie eine Vielzahl an Zusatzfunktionen (z. B. zur Visualisierung, Meilenstein- und Terminplanung, Terminverfolgung, Personalkostenkalkulation usw.) oder sind auch als Modul zur Nutzung innerhalb einer Prozess-Software wie SAP usw. einsetzbar; sie liefern zumeist den Softwaresupport inklusive. Die Kosten variieren je nach Anbieter und Softwarekonzeption, z. B. 600,00 Euro pro Monat für bis zu 30 Benutzer, bis zu 30 Projekte und inkl. Support bzw. ab 900,00 Euro pro zeitlich unbegrenzter Einzellizenznutzung und mit mehrjähriger Aktualisierung. Bisweilen werden die Endpreise lediglich auf Anfrage individuell verhandelt.

Der große Vorteil von EDV-gestützten Programmen ist, dass sie viele kleine, wiederkehrende und in Summe zeitaufwendige Teilaufgaben vollautomatisch und binnen Sekunden erledigen und überdies eine Vielzahl von Darstellungsmöglichkeiten und Standards offerieren. Und sie tun dies, ohne dass wertvolle wie kostenintensive menschliche Arbeitskraft darauf verwendet werden muss. Die Entscheidung zugunsten einer (vermeintlich) papierlosen Software oder zugunsten eines klassisch-manuellen Vorgehens ist frühzeitig zu Projektbeginn (in der Vorplanungsphase) zu treffen. Sie sollte zugleich bewusst und mit viel Augenmaß durchdacht und vorbereitet werden. Oft wird das hieran geknüpfte tatsächliche Investment unterschätzt, also welchen zusätzlichen geldlichen wie zeitlichen

Aufwand die Beschaffung und Herstellung voller Arbeitsfähigkeit macht. Fest steht, ein erhöhter Vorlaufaufwand ist nur dann gerechtfertigt und zu empfehlen, wenn er anschließend zu einer *erheblich* größeren Ressourcenersparnis führt, was hinsichtlich des Software-Einsatzes nicht immer automatisch der Fall sein muss. Gegen einen überstürzten Technikeinsatz spricht:

- *Aufwand für Schulung und Einarbeitung:* Als fester Ursache-Wirkung-Bestandteil der komplexer werdenden Welt setzt die Bedienung nicht minder komplexer Software oftmals zeitlichen wie intellektuellen Anwenderschulungs- bzw. zumindest einen gewissen Einarbeitungsbedarf voraus. Dies bedeutet zunächst einmal real fehlende und vorzufinanzierende Zeit für die eigentliche Projektabarbeitung.
- *Verkomplizierung:* Fehlgeleitete Liebe zur Technisierung und Automatisierung führt nicht selten zu einer Verkomplizierung eigentlich einfacher Aufgaben.
- *Sicherheitssuggestion:* Überhöhter Systemglaube, d. h. das Urvertrauen in die Leistungsstärke und Zuverlässigkeit technischer Hilfsmittel, gaukelt schnell eine Abarbeitungssicherheit vor, die nicht selten in menschlicher Nachlässigkeit mündet und sich rächt, sobald ein technischer oder Benutzer-Fehler auftritt und nachträglich korrigiert werden muss.
- *Doppelter Realaufwand:* Zu Controlling und Kontrolle von Zielen, Menschen und Prozessen tritt strenggenommen die Aufgabe hinzu, nun auch noch die Kontrollsysteme kontrollieren, sozusagen ‚doppelte Buchhaltung' führen zu müssen.
- *Emotionale Distanzierung:* So konfliktreduzierend die Regelung, Systematisierung und Automatisierung bestimmter Arbeitsprozesse an vielen Stellen der Projekt- und insbesondere Teamarbeit sein kann, der Preis einer Verregelung, Überstrukturierung und Bürokratisierung zwischenmenschlichen Schaffens kann eine erhöhte emotionale Distanz der Beteiligten zu ihrem Sujet nach sich ziehen. Der vom Arbeitsgegenstand täglich durch Technik entkoppelte Mensch wird sich vermeintlich weniger mit ihm identifizieren.

Die Beschaffung von Projektmanagement-Software ist in jedem Fall sowohl unter gegebenen operativen Gegebenheiten als auch „unter strategischen Gesichtspunkten zu sehen, wobei folgende Faktoren von besonderer Bedeutung sind" (Madauss 1994, S. 462 f.):

- Einbaufähigkeit in die schon bestehende Hard- und Softwarelandschaft: Ist die Software kompatibel und fehlerfrei mit vorhandenen IT-Systemen nutzbar?
- Schnittstellen- und/oder Aufbaulösungen zu anderen Betriebssystemen des Unternehmens: Ist womöglich schon ein geeignetes bzw. ausreichendes

Datenverarbeitungssystem vorhanden, das lediglich geringfügig angepasst werden braucht?

- Integrationsfähigkeit von Termin- und Kostenüberwachung: Verfügt die Software über ein dem Bestehenden überlegenes Ressourcenverwaltungssystem?
- Vernetzbarkeit zur Lösung von Multi-Projektmanagement-Aufgaben: Lässt sich die Software projektübergreifend bzw. auch zur Steuerung mehrerer parallel laufender Projekte einsetzen?
- Benutzerfreundlichkeit: Sind Bedienungs-, Schulungs- und Einarbeitungsaufwand gut kalkulierbar und in angemessenem Verhältnis zum Anschaffungspreis? Vermeidet der Software-Einsatz auf technischem Wege menschliche Fehler?
- Ausbau- und Aktualisierungsfähigkeit des Software-Pakets: Handelt es sich um eine Software, die jederzeit (auch Jahre oder Jahrzehnte später) erweitert und ausgebaut werden kann?

Des Weiteren sind technische Detailfragen und nicht zuletzt die real entstehenden Kosten (Einzelplatz- oder Mehrplatzlösung) zu klären. Tatsache ist generell, je akkurater und aktueller der Stand eines jeden Controllings ist, desto geringer fallen auch Irritationen und potenzielle Widerstände der Projektteam-Mitglieder aus, wenn durch die Projektleitung interveniert bzw. nachgesteuert werden muss. Je aktueller, nachdrücklicher und professioneller hierbei der Transport von Status-Informationen ist, desto schneller und effektiver können sie kommuniziert und den Adressaten so mehr Zeit und zugleich ein Dringlichkeitsbewusstsein zur Handlungsanpassung vermittelt werden. Diesbezüglich können die Möglichkeiten einer geeigneten Projektmanagement-Software sehr nützlich sein.

Ungeachtet der vorhandenen technischen und medialen Transportmöglichkeiten sollten alle (auch kleinere) Anpassungsnotwendigkeiten bzw. Aktualisierungen des Projektverlaufs im Rahmen der Zwischenberichterstattungsroutinen (bei Teammeeting, Review oder Statusabgleichstreffen) kommuniziert werden (Bemmé 2010a, S. 6 f.). Konsequente und medial adäquate Kommunikation und Information tragen zur Ergebniszielerreichung und kontinuierlichen Qualitätsverbesserung des Projektmanagements bei.

8 Qualitäts- und Erfolgskontrolle in Kulturprojekten

„Vermehrt befassen sich Kultureinrichtungen wie Museen, Theater oder Opern und kulturpolitische Institutionen sowie die Kulturschaffenden selbst mit der Definition und Messung von Qualität sowie der Effektivität und Effizienz von Kulturarbeit" (Schneider 2007, S. 2). Doch wie kontrolliert ein Kulturschaffender am Ende eines Projekts, ob das eigene Handeln tatsächlich erfolgreich war? Wie evaluiert ein Kulturbetrieb die Qualität der eigenen Projektarbeit? Wie wird Projekterfolg messbar?

Die zunehmende Bedeutung der Erfolgsmessung im kulturorganisatorischen Zusammenhang ist längst nicht mehr nur unliebsame Forderung von außen oder freistehend-beliebige Option von innen. Die Möglichkeit zur Evaluation der eigenen Leistungen folgt vielmehr der pragmatischen Nutzenphilosophie einer möglichst positiven Innen- und Außendarstellung sowie Imagebildung zum Zwecke der Erfolgssteigerung (Bemmé 2010b, S. 11). Kann ein Projektteam oder eine ganze Organisation messen und *belegen*, dass ihre Arbeit ein Erfolg war, so steigt die Wahrscheinlichkeit, dass die Organisationsumwelt fortan ein positiveres Bild von ihr hat. Der Nutzen ist demnach die bewusste Messbarmachung eigener Arbeitsweisen als Aspekt des Marketings in eigener Sache – sowohl nach außen als auch nach innen (Motivation, Identifikation, Engagement).

8.1 Erfolgs- und Qualitätsverständnis im Kulturprojekt

Kulturmanagement und Führung müssen immer den Zielen des jeweiligen Kulturbetriebs dienen und somit ergebnisorientierte Handlungsansätze zugunsten der Gesamtorganisation beinhalten, sodass gewünschte Ergebnisse erreicht werden. Das bedeutet im Umkehrschluss, dass sich Management-Erfolg auch im Kulturbetrieb schlussendlich allein über das Erreichen von Zielen definiert. Gleiches gilt für die funktionierende Erfolgsbemessung der eigenen Projektleistung; auch hier ist Grundvoraussetzung das Setzen von Zielen und die Überprüfung des Erfüllungsgrads (Birnkraut/Wolf 2008, S. 4). Für die Projektarbeit heißt das, dass ‚Projekterfolg' weniger die perfekte Anwendung von Projektmanagementmethoden bedeutet, sondern letztlich das überprüfbare Erreichen des ursprünglich verabredeten Projektziels. Methodische Exaktheit und Professionalität sorgen hierbei dafür, dass der Weg dorthin möglichst effizient und idealtypisch auch möglichst konstruktiv und inspirierend für alle Beteiligten verläuft.

Ebenso wie ‚Erfolg' heißt auch Qualität letztlich nichts anderes als die Erfüllung von Zielen. Qualität ist die Erfüllung von zuvor klar beschriebenen Erwartungen bzw. vereinbarten Standards. Dieses Verständnis ist allerdings ein bis heute über weite Strecken dem Qualitäts- und Projektmanagement vorbehaltenes und im Kulturbetrieb nicht durchgängig ausgeprägtes Begriffsverständnis (Bemmé 2010b, S. 10 f.). Sehr viel gebräuchlicher ist die Verwendung des Qualitätsbegriffs als Äquivalent für Güte. Da Güte jedoch ein Wertebegriff und somit letztlich eine emotionale Angelegenheit ist, versteht jeder Mensch potenziell etwas völlig anderes darunter. Qualität wird durch Gleichsetzung mit Güte zu etwas Beliebigem, denn was ist dann beispielsweise ein Qualitätsauto? Ist dies nur eine hochpreisige Marken-Luxuslimousine oder auch ein ökonomischer Spritspar-Kleinwagen (Madauss 1994, S. 164 ff.)?

Da Projektqualität untrennbar an den übergeordneten Ergebnis- und Vorgehenszielen des Projekts hängt und somit nur erfüllt ist, wenn alle Ziele vollständig erreicht werden, heißt die Verabredung eines projektspezifisch gleichen Qualitätsverständnisses somit die Einigung auf ein identisches Zielverständnis. Qualität bezieht sich nicht „auf weitergehende Sinnhorizonte, die aus übergreifenden Konzepten, ethischen Werten, Haltungen und Traditionen erwachsen. Ein ‚Gesamtsinn' existiert hier nicht – es geht [vielmehr] um bereichsspezifische, unterschiedlich definierte und operationalisierte Einzelqualitäten. Der Terminus ‚Qualität' hat in diesem Kontext die Bedeutung einer Messgröße" (Scheytt/Zimmermann 2006, S. 13). Für Neulinge in der Kulturprojektarbeit bedeutet dies oft eine Umstellung und zumindest temporäre Abkehr von bisher gewohntem Denken und Handeln. Erreicht eine Projektgruppe zu jedem Prüfzeitpunkt messbar bzw. nachweislich alle für das Projekt jeweils gültigen Ziele, so ist am Ende eine 100%ige Qualitätsleistung erbracht worden. Werden die Ziele übererfüllt, so erhält der Projektgeber zur Qualitätsleistung zusätzlich ein Extra geliefert. Werden die Projektziele hingegen unterschritten, etwa Termine, Verfahrens- oder Verhaltensstandards nicht eingehalten, so bleibt das Projekt insgesamt unter den gestellten Qualitätsanforderungen bzw. ist am Ende keine Qualitätsleistung, schlimmstenfalls sogar gescheitert. Wird beispielsweise der vereinbarte Aufführungstermin eines Konzerts nicht eingehalten und muss die Veranstaltung zu einem späteren Datum nachgeholt werden, hilft es nichts, wenn die beim Ersatztermin dargebotenen Leistungen der Musiker/innen oder ihre Fertigkeiten unübertroffen sind. Im Ergebnis wurde keine Qualitätsleistung abgeliefert (Terminüberschreitung, Kosten für Zusatzorganisationsaufwand usw.). Qualität bedeutet eben nicht, dass immer etwas Besonderes oder etwas besonders ‚Gutes' herauskommen muss; umgekehrt schließt mangelnde Qualität nicht aus, dass subjektiv bzw. emotional Positives im Ergebnis steht. Aus diesem

Grund stößt Erfolgskontrolle insbesondere im Kulturzusammenhang immer wieder an Grenzen und gilt als ‚unwegsames Gelände'.

8.1.1 Die Grenzen von Erfolgsprognose und Qualitätskontrolle

Erfolgsmessung im Kulturbetrieb benötigt grundsätzlich keine kulturspezifischen Evaluationsmethoden. Sehr wohl bedarf es jedoch „eines Evaluationsbewusstseins in Kulturpolitik und Kultureinrichtungen" (Schneider 2007, S. 13), denn zurecht stellt sich die Frage, inwieweit sich kulturelles Wirken und seine Wirkung, etwa das künstlerische Programm eines Theaters oder Konzerthauses, in Form von SMARTen Zielen ausdrücken lassen bzw. inwieweit dies überhaupt wünschenswert ist. Aus Kostensicht lässt sich mit dem Projektende „eine Antwort auf die Frage *hat sich das Projekt gelohnt* geben, denn nun ist man sicher, dass das Projekt nicht durch weitere Kosten belastet wird, und einer Gewinn- und Verlustrechnung steht nichts mehr im Wege" (Madauss 1994, S. 68). Und die Ergebnisse einer abschließenden Wirtschaftlichkeits-Nutzen-Betrachtung geben wichtige Anhaltspunkte für vergleichbare künftige Projekte; sie erleichtern nicht zuletzt künftige Plausibilitäts- und Machbarkeitsbetrachtungen und bedeuten damit einen wichtigen Lernmehrwert für Organisation und Projektbeteiligte (Bemmé 2008a, S. 66; Madauss 1994, S. 252 ff.). Inwieweit das Projektergebnis den Gesamtaufwand *insgesamt* gerechtfertigt hat, ist demgegenüber nicht immer eindeutig quantifizierbar, aber immer qualitativ bewertbar. Die Schwierigkeit im Kulturzusammenhang ist, dass sich manches Sujet als solches qua Existenz bzw. Beschaffenheit über die begrenzende Qualitätsdefinition und ‚blinde' Anwendung von betriebswirtschaftlichen Ansätzen hinwegsetzt (Bendixen 2006, S. 7). Folgt man dem Autonomieanspruch mancher Kulturbetriebe, haben Kultur und ihre Anbieter bereits aus sich selbst heraus auch ohne messbare Ziele oder Zielerreichung eine Daseinsberechtigung bzw. dienen einem höheren Zweck, verfügen also letztlich über eine aus sich selbst heraus legitimierte Qualität und sind somit im doppelten Sinne unvergleichlich. So gibt es im Kulturbetrieb „kaum ein Thema, dass dermaßen polarisiert wie das der Qualität", denn es ist unmöglich, allgemein gültige Qualitätskriterien etwa zur Bewertung künstlerisch-ästhetischer Produktionen festzuschreiben (Mehlbeer 2010, S. 8).

Weder Projekt- oder Qualitätsmanagement noch Evaluation und Messverfahren sind in der Lage, philosophische oder sozio-psychologische Grundfragen, wie z. B. nach dem Sinn oder Unsinn eines bestimmten Kunst- oder Kulturangebots, zu überbrücken. Dennoch ist Erfolgskontrolle im kulturbetrieblichen Zusammenhang durchaus und weitreichender möglich als in der Umsetzungsrealität oft spürbar, wo der operative Transfer auf Widerstand stößt. Ersetzt man den Begriff ‚Erfolg' durch das Verständnis von Qualität als die Erfüllung von Zielen, so wird deutlich, dass nicht immer ein Verständnisengpass der Abnehmer vorliegt (die heutzutage eben nur *vermeintlich* nicht mehr für Kultur zu begeistern sind), sondern auch ein Mangel an ziel- und abnehmerorientierter Kommunikation der An- bzw. Darbietenden. Definiert und bewirbt man beispielsweise die Qualität einer Veranstaltung für die Besucher mit dem Slogan 'Ein Ereignis, das Sie begeistern wird', so kann man keinen 100%igen Erfolg im Sinne von Qualität erreichen, sobald nur ein einziger Gast am Ort und zum Zeitpunkt der Leistungserbringung, sozusagen am 'Point of Sale', von der Veranstaltung nicht begeistert ist. Für eine aussagekräftige Erfolgskontrolle sind somit gleichermaßen methodische Präzision als auch Auswahl des geeigneten Evaluationsgegenstands von Bedeutung.

8.1.2 Quantität vs. Qualität – Harte vs. weiche Evaluationsfaktoren

Die einfachste Unterscheidung bei der Auswahl zu evaluierender Projektfaktoren ist die in direkt zählbare ('harte') und nicht direkt zählbare ('weiche') Faktoren. Zugleich sind die Grenzen hier durchaus fließend, da sich viele zunächst nicht zählbare Faktoren durchaus zählbar machen lassen (Miko 2008, S. 29 ff.), etwa durch standardisierte Fragebogenverfahren (z. B. Besucherzufriedenheit).

Zählbare/harte Faktoren sind z. B. Marktanteile, Einnahmen, Ausgaben und Überschüsse, Zuwendungshöhe und Budgetverbrauch, direkte und indirekte Sach- und Personalkosten; Zuschauer-/Besucher-, Ticketverkaufszahlen; Termine, Periodizität, Frequenz (z. B. bei Veranstaltungen); zeitliche Dauer, Arbeitsstunden, Ausfallzeiten usw. Nicht direkt zählbare Faktoren sind z. B. Besucher-/Zuschauer- oder Fördererzufriedenheit; Zuschauer-, Besucher- bzw. Kundenorientierung; Auswirkung der künstlerischen Programmgestaltung, Lern- oder Entwicklungserfolge, Kreativ-, Schaffens- oder Innovationskraft; Organisationskultur, Mitarbeitermotivation und Grad an Identifikation; Wiedererkennungswert, Alleinstellung, Positionierung; Authentizität, Glaubwürdigkeit, Akzeptanz usw.

In Summe ist für jeden Dienstleistungs- und ganz besonders den Kulturbereich typisch, dass die letztlich entscheidenden Faktoren zur Bemessung von Ergebniserfolg im Bereich der qualitativen Evaluation liegen. Ob eine Evaluation Aussagekraft und somit einen Nutzen hat, hängt von der grundsätzlichen Messbarkeit quantitativer wie qualitativer Faktoren sowie von der faktischen Informationslage ab. Weil vor allem wirtschaftliche Kennzahlen (Einnahmen, Ausgaben, Überschüsse, Verbindlichkeiten usw.) besonders sensible Organisationsdaten sind, tun sich gewinn- wie non-protit-orientierte Organisationen oft gleichermaßen schwer, entsprechende Informationen zugänglich zu machen (Bemmé 2008a, S. 91), wie auch das nachfolgende Beispiel zeigt.

ⓘ Praxisbeispiel Standortgutachten Live-Musik-Clubs Hamburg St. Pauli

Im Rahmen der Gutachten-Erstellung zum Live-Musik-Club-Standort Hamburg St. Pauli wurde den im Fokus stehenden Clubbetreibern die Möglichkeit gegeben, freiwillig und anonym Allgemeinangaben zur jeweiligen betriebswirtschaftlichen Ausgangssituation zu machen. Hierdurch sollten Rolle und Bedeutung der Live-Musik-Programmanbieter als lokaler Wirtschafts- und Arbeitsmarktfaktor beleuchtet werden. Im Sinne der Selbstpositionierung der Musik-Clubs als standortpolitischer Wirtschaftsfaktor, konnte zudem ein Aussageinteresse der Befragtengruppe angenommen werden. Jedoch obgleich Vertraulichkeit beim Datenhandling sowie Anonymität und lediglich kumulierte Weiterverwertung garantiert wurden, wurde die Gelegenheit zur Selbstaussage kaum genutzt. Eine am Ende zu geringe Anzahl an Rückläufen ließ eine vollends repräsentative Ergebnisaussage nicht zu; die gesammelten Daten behielten exemplarischen Charakter. Obgleich die Zielgruppe ein großes Eigeninteresse an der Vermittlung ihrer wirtschaftlichen Bedeutung für den Standort hatte, entschied sich die Mehrheit der Befragten gegen eine Informationspreisgabe.

Neben der Zugänglichkeit von Daten und Informationen zeigt die Erfahrung, dass sich die Bestimmung und Auswahl von einheitlichen bzw. einheitlich verstandenen Vergleichswerten (,Benchmarks') generell schwierig gestalten kann, sobald die Werte nicht nur innerhalb der eigenen Organisation, sondern auch mit einer Vergleichsorganisation abgestimmt werden müssen (Bemmé 2008a, S. 91). Nicht alle für einen Leistungsvergleich jeweils in Frage kommenden Kulturbetriebe verwenden auch identisch erhobene Kennzahlen, Werte oder Datensätze. Ohne aussagekräftige Evaluationsgegenstände und Indikatoren kann im Rahmen der Operationalisierung keine zielführend in Frage kommende Untersuchungs- bzw. Erhebungstechnik ausgewählt werden, wie beispielsweise Auswertung vorhandener Unterlagen (Dokumentenanalyse); Interview oder Fragebogen (standardisiert oder teilstandardisiert); externe Beobachtung, Dauerbeobachtung; Self-Assesssment: Selbstbeobachtung, Selbstaufschreibung; Kommunikationsanalyse (Feed-back-Auswertung); Pareto-Analyse, Portfolio-Analyse, Potenzial- und Vergleichsanalyse; ABC-, SWOT- bzw. SOFT-Analyse, Multimomentverfahren u. v. m. (ausführlich: Bemmé 2008a).

Von unterschiedlichen Evaluationsgegenständen und verfügbaren Informationen leiten sich unterschiedliche in Frage kommende Evaluationsverfahren ab. „Evaluationen erfolgen nicht nach einem allgemeinen oder standardisierten Muster, sondern müssen sich an den Individualzielen einer Einrichtung oder eines Projekts orientieren" (Schneider 2007, S. 5). Die Auswahl an Evaluationsmethoden ist groß.

Die Entscheidung über die verwendete(n) Methode(n) sollte dementsprechend nach Bedarf getroffen werden und der Prämisse der situations- bzw. auftragsbezogenen Notwendigkeit folgen. So beeindruckend Vielfalt und Aussagekraft vieler Analyseansätze auch sein mögen, sie alle bedeuten Zusatzaufwand im Projekt und verursachen somit zusätzliche direkte wie indirekte Kosten. Evaluation muss zugleich nicht immer aufwendig und teuer sein, um aussagekräftige Ergebnisse zu generieren. Manchmal ist auch hier weniger mehr, denn nicht jedes aussagekräftige Evaluationsergebnis setzt ein hochkomplexes Messverfahren voraus. Ein Beispiel in Kulturorganisationszusammenhängen ist etwa das Presse-Clipping. „Am Zweck orientiert sich (…) die Auswahl der Medien, die regelmäßig beobachtet werden: Lokal- und Regionalzeitungen zuerst, bei Kulturevents überregionaler Bedeutung sicher auch – zumindest temporär – die Feuilletons der überregionalen Tages- und Wochenpresse" (Handschuh/Hausmann u. a. 2006, S. 9). Mittels einfacher Leitfragen (Tab. 28) hat ein Projektteam schnell ein vergleichsweise simpel zu handhabendes und zugleich aussagekräftiges Instrument zur Hand:

Welche Informationen sind uns wichtig; welche Themen wollen wir bedenken – sammeln wir zu unserem Projekt oder auch zum Wettbewerb?	□
Wie geschieht die Aufbereitung – nur nach einem Positiv-Negativ-Raster plus Anzahl oder mittels Kommentierung usw.?	□
Unterscheiden wir zwischen Medienart, Verbreitung, Renommee, Autor/Kommentator usw.?	□
Analysieren wir chronologisch oder nach Themen und Unterthemen?	□
Sammeln und analysieren wir selbst oder tun die Externe?	□
Wie wird der Pressspiegel verteilt, z. B. als Ausdruck, Datei, auf einem Fileserver o. ä.?	□
Wie lang wird gelagert/archiviert? Wie häufig werden Maßnahmen abgeleitet?	□

Tabelle 28   Leitfragen Presse-Clipping als Evaluationsinstrument

Grundsätzlich gibt es nicht *die* perfekte Evaluationsmethode, denn „Evaluation ist eine angewandte Sozialforschung, die die gegebenen Rahmenbedingungen und das jeweilige Erkenntnis- und Verwertungsinteresse berücksichtigt. Daher sind grundsätzlich alle empirischen Erhebungsmethoden einsetzbar" (Schneider 2007, S. 2). Hierzu zählen auch Kennzahlensysteme, also solche, die auf Maßstabswerten für den innerbetrieblichen und zwischenbetrieblichen Vergleich aufbauen. Sie setzen in einem kompakten Zahlenausdruck verschiedene ökonomische Größen in ein sinnvolles Verhältnis zueinander. Kennzahlen im Zeitvergleich (Kennzahlensysteme) können insbesondere im Rahmen der operativen Frühwarnung und Risikobemessung wertvoll eingesetzt werden. Besonders aussagefähig sind hierbei Kennzahlen zur Wirtschaftlichkeit, Rentabilität und Liquidität einer Kulturorganisation. Beispiele sind Liquiditäts-Kennzahlen; Umschlags-Kennzahlen (Anlagen, Forderungen, Verbindlichkeiten); Kosten im Verhältnis zu Umsatz, zum Erlös; Umsatz je Verkaufskraft, je Kunde, je Auftrag; Reingewinn zu Kosten, zu Eigenkapital usw.

Kennzahlen im Kulturprojekt messen idealtypisch nicht nur kurzfristige finanzielle oder operative Leistungen, sondern auch langfristige strategische Erfolgsfaktoren, wie etwa Besucherentwicklung, Zukunftsfähigkeit, interne Prozesse oder Organisationsentwicklung bzw. Lernverhalten. Kultur-Projektmanagment benötigt für die Projektarbeit möglichst konkrete, korrekte und auf das Projekt bezogene Kennzahlen als Steuerungsinstrument, z. B. in Bezug auf Termine, Kosten und Leistungserwartung, aber auch hinsichtlich Anzahl der Projektarbeitsschritte und beteiligten Personen, Durchlaufzeiten, Fehlerquoten usw. Weil Kennzahlen Informationen als ,Konzentrat' darstellen, eignen sie sich besonders gut zur Entscheidungsvorbereitung und Wirkungsüberprüfung. Sie sind entsprechend Orientierungs- und Planungshilfe für Teammitglieder und Projektleitung, da mit ihrer Hilfe die Transparenz in Organisation und Projektteam erhöht wird. Durch sie kann nachvollziehbar und prägnant dargestellt werden, welche Entscheidung aus welchem Grund getroffen wird und welche Folgen bestimmte Maßnahmen und Entscheidungen im Projekt haben werden bzw. haben könnten.

Kennzahlen finden – projektiert oder als fester Bestandteil der Ablauforganisation – beispielsweise Eingang in entsprechende strategische Konzepte wie Balanced Scorecard, Benchmarking oder Projektbenchmarking bzw. Project-Excellence-Modelle (Bemmé 2008a, S. 93). Balanced bedeutet, dass vier wichtige Perspektiven gleichberechtigt betrachtet werden: „die finanzwirtschaftliche Perspektive, die Kundenperspektive, die interne Prozessperspektive und die Lern- und Entwicklungsperspektive der Mitarbeiter und der Organisation" (Heinrichs 2006, S. 25 f.). Ziel ist die Herstellung eines Gleichgewichts zwischen kurzfristigen wirtschaftlichen bzw. Leistungszielen und langfristigen Wirkungszielen – also kurzgesagt zwischen Output und Outcome (Nagel/Wimmer 2004, S. 316 ff., 331 ff.). Da Kulturprojekte fast immer einen hohen Outcome-Anteil haben, also meist auch auf mittel- und längerfristige Wirkung (statt nur auf direktes Leistungsergebnis) zielen, ist insbesondere die Balanced-Score-Card-Systematik gut geeignet zur Projektsteuerung und Erfolgskontrolle.

Fakt ist, selbst noch so partnerschaftlich-kooperativ intendierte Verabredungen im Team oder zwischen Projektgeber und Nehmer sind mehr oder weniger wirkungslos, wenn ihre Umsetzung bzw. der Grad der Zielerreichung nicht nachgehalten werden kann, weil eine reale Überprüfung nicht möglich ist. Entscheidend bei der Auswahl und Anwendung von kennzahlengestützten Projektevaluationsinstrumenten ist, dass sie nicht nur aussagekräftig sind, also ausreichend inhaltliche Substanz haben, sondern von den Anwendern auch legitimiert und beherrscht werden. Sind keinerlei Ist- und Soll-Zahlen in der Projektorganisation vorhanden, sollte die erste Ausgangslagebewertung im Projekt mit der zeitgleichen Suche nach bzw. Übersetzung in solche Kennzahlen verknüpft werden (Bemmé 2008a, S. 93).

8.2   Evaluationskonzeption und Durchführung

Projektmanagement und Evaluation sind fest zusammengehörige methodische Ansätze. Entsprechend folgen Aufbau und Inhalt eines Evaluationskonzepts den gleichen Grundregeln wie das Projektmanagement. Erfolgskontrolle setzt bereits zum Projektbeginn ein, nämlich mit der Festlegung überprüfbarer Ziele; nicht mehr und nicht weniger als ihre belegbare Übereinstimmung mit dem tatsächlichen Projektergebnis bestimmt im Nachhinein den messbaren Erfolg. Die Erarbeitung eines adäquaten Evaluationskonzepts sollte daher Teil der Zielbestimmung, Zielvereinbarung und Maßnahmenplanung sein und beinhaltet zunächst die Entscheidung darüber, welche Ergebnisse, Teilergebnisse und/oder Prozesse evaluiert werden sollen. Für das Projektcontrolling oder in einem expliziten Evaluationsprojekt sind mit Projektbeginn ggf. besonders repräsentative Gegenstände auszuwählen, die evaluiert werden sollen (und können). Die Gegenstände können wiederum unterschiedlichen Kategorien zugeordnet werden (Tab. 29). Diese sind (ausführlich: Liebald 1998):

Kategorie	Beschreibung
Input	Dinge die als Voraussetzung oder für die Planung einer Maßnahme/eines Projektes bedeutsam sind, d. h. finanzielle und materielle Rahmenbedingungen und die Qualität der Vorbereitung. Mögliche Methoden: Dokumentenanalysen, Inhaltsanalysen, vergleichende Analysen (Benchmarking), Formen der systematischen Selbstbeobachtung und andere.
Process	Die gesamte Durchführung einer Maßnahme/eines Projektes. Fragen, die die Organisation, die Konzeptrealisierung, Arbeitsformen und -beziehungen, Vermittlungsformen, den Umgang mit bestimmten Zielgruppen betreffen, sind dabei wichtige Merkmale. Evaluationsmethoden: Offene/teilstandardisierte Interviews, standardisierte Beobachtung/Selbstbeobachtung, Befragung usw.
Output	Hierbei handelt es sich um Ergebnisse und Resultate im engeren Sinne. Konkret geht es um die Beantwortung, ob die Projekt-/Evaluationsziele erreicht werden konnten oder es zu anderen (gewünschten/ungewünschten) Effekten gekommen ist. Wie schätzen die Beteiligten den Erfolg bzw. die Zielerreichung der Maßnahme/eines Projektes ein? Mögliche Evaluationsmethoden: Offene und teilstandardisierte Interviews, schriftliche Befragungen usw.
Outcome	Hier werden weiterreichende Wirkungen angesprochen. Kommt es auf persönlicher Ebene zu nachhaltigeren Verhaltens- und Einstellungsänderungen bei den Beteiligten? Gibt es auf der institutionellen Ebene für die durchführende Einrichtung längerfristige Auswirkungen? Eine Wirkungsevaluation ist in der Regel schwieriger durchzuführen und sprengt oftmals Ressourcenrahmen. Mögliche Evaluationsmethoden: Tiefeninterviews, Langzeit-/Einzelfallstudien, teilnehmende Beobachtung u. a.
Context	Hierzu zählen insbesondere die sozialen, kulturellen, politischen, ökonomischen Rahmenbedingungen der Beteiligten und der Einrichtung.

Tabelle 29   Evaluationsgegenstände nach Kategorien

Ebenso ist eine Entscheidung über den Zeitpunkt der Evaluation zu treffen. Abhängig vom Erkenntnisinteresse (Tab. 30) können Evaluationen *ex ante* (*vor* Implementierung eines Projekts), *on-going* (*während* eines Projekts) und *ex post* (*nach* einem Projekt) erfolgen, das bedeutet:

Zeitpunkt	Erkenntnisinteresse (Beispiele)
Ex ante	• Zielgruppeninteressen, Bedürfnisse oder Erwartungen eruieren, um ein abnehmerorientiertes Angebot zu gewährleisten
On-going	• Prozesskontrolle und Sammlung von Steuerungsinformationen durchführen, z. B. welche Mittel zum Erfolg führen
Ex post	• Zielüberprüfung sowie Kontrolle von Output und Outcome eines Projekts sicherstellen

Tabelle 30   Erkenntnisinteresse und Evaluationszeitpunkt

Eine Herausforderung für viele Kulturprojektteams liegt darin, dass der Projektinhalt bzw. das übergeordnete Ziel oftmals den Outcome-Aspekt, sprich die mittel- bis langfristige Wirkung eines Projekts adressiert. Dieser ist letztlich nur mittels einer *ex post* durchgeführten Wirkungsevaluation (Tab. 30) nachzuprüfen, die meist ‚ein Projekt nach dem Projekt' beinhaltet, d. h. Monate oder Jahre nach Projektabschluss noch laufen oder erst beginnen kann. „Ziel einer Wirkungsevaluation ist es, die mit einer Maßnahme erzielten langfristigen Wirkungen, also die Nachhaltigkeit eines Programms oder Projektes, zu erfassen und Erkenntnisse zu generieren, die zu einer Optimierung der Wirksamkeit künftiger Aktivitäten eingesetzt werden können" (Schneider 2007, S. 10). Da dies mit zusätzlichen Kosten verbunden ist, kann der Forderung vieler Projektgeber nach Erfolgsüberprüfung real oft nur mit Einschränkungen innerhalb eines Projekts nachgekommen werden (ausführlich: Birnkraut 2010). Beispielkriterien einer Wirkungsevaluation sind (Tab. 31):

Gegenstand	Beispiel-Leitfragen zur Wirkung
Zierreichung (Effekt)	• Sind die Ergebnisziele erreicht worden? Was wurde aus welchem Grund nicht erreicht?
Zielgruppen-erreichung	• Kennen die gewollten Adressaten die gewünschten Angebote/Inhalte? • In welchem Maße werden die Inhalte/Angebote genutzt? Wer wurde aus welchem Grund nicht erreicht?
Verbreitungsgrad	• Inwieweit erstreckt sich die Wirkung über die gewollten Adressaten hinaus? • Welche anderen Gruppen werden erreicht? • Wie ist dies zustande gekommen?

Bewirkte Veränderungen	▪ Welchen Nutzen haben die Adressaten von den Leistungen/Angeboten? ▪ Inwieweit wurde das Interesse am Inhalt beeinflusst? Gibt es Einstellungsveränderungen bei den Adressaten – welche? Sind die Veränderungen die gewollten?
Nachhaltigkeit	▪ Trägt sich das Ergebnis in intendierter Form von selbst weiter?
Effizienz	▪ Kosten-Nutzen-Relation – mit welchen Ressourcen werden welche mittelfristigen Änderungen erzielt?

Tabelle 31   Beispielkriterien einer Wirkungsevaluation

8.2.1 Vom Gegenstand zur Operationalisierung

Steht der Evaluationsgegenstand fest, ist er in seine zu messenden Einzelbestandteile aufzuteilen. Ihnen werden hierzu sogenannte Indikatoren zugewiesen, also messbare bzw. nachprüfbare Teilinhalte (Scheytt/Zimmermann 2006, S. 10). „Bedeutsam ist bei der Indikatorenentwicklung vor allem, dass sie in der Praxis mit einem angemessenen Aufwand erhoben werden können" (Schneider 2007, S. 5). Was jeweils angemessen ist, muss entsprechend Verhandlungsgegenstand bei der Projektanbahnung sein.

Ein Indikator ist eine beobachtbare oder messbare Größe, die einen wichtigen Aspekt des Ziels oder Teilziels erfasst. Die Indikatorenbildung setzt eine ausreichende Praxiserfahrung und Fachlichkeit der Beteiligten voraus, damit praxistaugliche Merkmale zur Überprüfung benannt werden. Hierbei ergibt sich zwangsläufig eine Überprüfung der Teilziele. Sollte sich für ein Teilziel kein Indikator benennen lassen, muss dieses Ziel unter Umständen modifiziert oder weggelassen werden. Die Indikatoren werden anschließend operationalisiert, also in eine so konkrete Form gebracht, dass jeder Indikator gemessen werden kann. „Anhand solcher Daten ist es dann möglich zu analysieren, ob und in welchem Maße eine spezifische Aktivität einen Beitrag zur Erreichung der Teilziele und damit auch der Oberziele geleistet hat" (Schneider 2007, S. 5). Die Operationalisierung qualitativer Untersuchungsgegenstände ist meist eine größere Herausforderung als im Falle zählbarer Untersuchungsgegenstände; sie ist grundsätzlich arbeitsintensiv. Im Sinne einer Bestandsaufnahme, zur Durchführung eines Vergleichs oder zur Ersteinrichtung eines Evaluationsverfahrens kann am vereinfachten Beispiel-Definitionsversuch interkultureller Kompetenz (vgl. Bertelsmann-Stiftung 2006) z. B. wie folgt vorgegangen werden (Bemmé 2008a, S. 99 f.):

Ziel/Teilziel	Indikatoren	Operationalisierungen
Ziel: Definition interkulturelle Kompetenz	• Höchste Experten-Zustimmungswerte, bezogen auf vorqualifizierte Beispieldefinitionen	• Auswahl, Vorqualifizierung und Validierung Beispieldefinitionen • Konzeption, Durchführung und Auswertung Experten-Befragung
Teilziel: Erarbeitung valider Beispieldefinitionen interkulturelle Kompetenz	• Höchste Experten-Zustimmungswerte, bezogen auf Definitionsteilelemente	• Auswahl glaubwürdiger Experten • Auswahl, Vorqualifizierung und Validierung Definitionselemente • Konzeption, Durchführung und Auswertung Experten-Befragung

Tabelle 32   Evaluationsbeispiel interkulturelle Kompetenz

8.2.2 Evaluationsverfahren in Kulturprojekten

Zu den häufigen Evaluationsverfahren in Kulturprojekten (ausführlich: Birnkraut 2010) gehören Befragungen. Sie werden üblicherweise entweder mittels leitfadengestützter, dokumentierter, persönlicher Interviews oder schriftlich auf dem Wege eines von den Befragten (manuell oder per PC) auszufüllenden Standard-Fragebogens durchgeführt. Der Vorteil einer schriftlichen Befragung liegt im vergleichsweise geringen Personalaufwand für die Befragenden sowie dem geringen Zeitaufwand seitens der Befragten. Zudem kann in kurzer Zeit ein Ergebnis in Form einer Momentaufnahme generiert werden (Bemmé 2008a, S. 101). Nachteil ist, dass womöglich nicht alle Kriterien erfasst, Bögen unvollständig ausgefüllt oder vorher unter Kollegen abgeglichen werden. Ein Nachfragen ist kaum möglich, es fehlt die persönliche und im Idealfall vertrauensbildende Atmosphäre der zwischenmenschlichen Begegnung (Weidner 1992, S. 236).

Befragungsverfahren können sowohl intern (siehe Kap. 9.2) als auch extern (z. B. Besucherbefragungen) zur Anwendung kommen und vor allem zu qualitativen Themen wertvolle Erkenntnisse liefern. Insbesondere qualitative Evaluationsgegenstände und Indikatoren lassen sich gut mittels Fragebogen und Selbsteinschätzung der Befragten abprüfen (Vermeulen 2007, S. 17 f.). Ein effektives Befragungsverfahren macht qualitative Faktoren (Meinungen, Stimmungen, Atmosphäre) diagnostizierbar und quantifizierbar. Wird das Verfahren wiederkehrend durchgeführt, lassen sich qualitative Entwicklungsverläufe (z. B. Projektgeberzufriedenheit) abbilden, vergleichen und als Basis des Projektcontrollings, nutzen. Befragungen sind hierbei immer gleichzeitig Analyseinstrument wie auch selbst Interventionsmaßnahme (Bemmé 2008a, S. 101) und erfordern daher spezifische Kompetenzen, Kenntnisse und Erfahrungen, d. h. eine methodische Qualifikation der Durchführenden und ‚psychologisches' Vermögen im Umgang mit unterschiedlichen Befragtengruppen.

Nebenziel eines jeden Kulturprojekts sollte die Professionalisierung des eigenen Projektmanagements sein. Hierzu ist es nötig, eine Vorstellung über die eigenen Lernerfolge aus Projekten sowie darüber zu haben, wie gut man im Vergleich zu anderen ist. Im Sinne des Lernens aus bereits erfolgreich absolvierten Kulturprojekten bieten diesbezüglich Methoden wie etwa das *Projektbenchmarking* Möglichkeiten, mittels des (idealtypisch) kontinuierlichen Leistungs- und Wirkungsvergleichs der eigenen Projektarbeit mit anderen Projekten die Qualität zu erhöhen (ausführlich: Sabisch/Tintelnot 1997). Ein *Benchmark* ist hierbei ein Bezugspunkt bzw. Standard (z. B. eine Kennzahl), anhand derer die eigenen Leistungen erfasst und durch systematische Vergleichsanalyse bewertet werden, etwa im Vergleich zu anderen eigenen Projekten, solchen des Wettbewerbs oder anhand von Entwicklungstrends und Bestlösungen.

Idealtypisch werden hierzu auf dem Wege der Selbst- und Vergleichsbetrachtung projektkritische Faktoren (z. B. Projekt- und Prozesserfahrungen, Erfolge/ Misserfolge, Feed-back usw.) darstellbar gemacht und mit adäquaten Vergleichsfaktoren aus anderen Projekten verglichen. Auf dem Wege der wiederholten Vergleichsmessung lassen sich so beispielsweise die Wirksamkeit abgeleiteter Projekt-Optimierungsmaßnahmen bzw. Entwicklungsverläufe nachvollziehbar visualisieren. Benchmarking ist idealtypisch fester Bestandteil eines auf ständige Verbesserung ausgerichteten Verständnisses von Kulturprojektarbeit und Ausgangspunkt konkreter Verbesserungen im Kulturprojektteam. Notwendige Informationen können durch externe Unterstützung (Beratung) ebenso generiert werden wie durch die kontinuierliche Selbstevaluation bzw. kritische Selbsthinterfragung im Rahmen des Projektcontrollings. Kontinuierlich durchgeführte interne Befragungen sowie Projektbenchmarking dienen der Leistungssteigerung über die vertraglich geregelte Projektlaufzeit hinaus. Sie wirken zusätzlich konfliktpräventiv sowie konfliktabbauend, da sie geeignet sind, Schritt für Schritt und von Projekt zu Projekt eine konstruktive Kultur der Zusammenarbeit zu ritualisieren. Auf diese Weise werden nicht zuletzt Projektrisiken und somit vermeidbare Ressourcenaufwendungen reduziert.

9 Risiko- und Fehlerbehandlung im Projekt

Der stetig zunehmende Wettbewerb um die Gunst von Adressaten hat bei gleichzeitig zunehmender Komplexität und wachsenden Angebotsrisiken dazu geführt, dass sich Kulturbetriebe intensiver mit den Themen Qualitätsmanagement, Risikoerkennung und rezipientenorientiertem Zielgruppenumgang befassen. Ziel ist es, das Funktionieren von Kulturprojekten sowie erfolgsbegünstigender Bereitstellungsprozesse zu gewährleisten und Investitionskosten zu begrenzen. Risiken, Probleme und Konflikte in der Kulturprojektarbeit lassen sich zwar auch durch geeignete Präventionsmaßnahmen nie ganz ausschließen, jedoch können Eintrittswahrscheinlichkeit und Ausprägungsgrad durchaus beeinflusst werden. Beispielsweise die Vereinbarung von Verfahrens- und Verhaltensregeln im Projektteam ist eine effektive Methode zur Konfliktprävention. Für Projekte und projektbezogen auftretende Störungen gilt gleichermaßen ein Katalog von Grundsatzregeln, dessen konsequente Einhaltung zusätzlich zu einem konstruktiven Projektverlauf beiträgt, wenn er von allen mitgetragen wird. Hierzu zählen:

- Von Beginn an ist eine gewissenhafte, akkurate und realistische Planung zu gewährleisten, um hinterher nicht aufwendig (und teuer) nachbessern zu müssen.
- Potenzielle Risiken müssen gemeinsam erfasst und bewertet werden, *bevor* Projektmaßnahmen umgesetzt werden.
- ‚Probleme‘ sollten als Aufgaben bzw. als Beschreibung gestellter Anforderungen verstanden und bezeichnet werden – wer die Aufgaben und Anforderungen (statt nur das ‚Problem‘) kennt, findet am ehesten die Lösung.
- Einfache Lösungen sind komplizierten vorzuziehen – komplexen Aufgaben muss nicht immer mit ebenso komplexen Lösungen entgegen getreten werden.

Zum Projekteinstieg ist ein ausreichender Zeitpuffer für präzises Arbeiten oft Garant für das Ausbleiben späterer Problemeskalation. Risiken und unerwarteten Zusatzaufgaben (‚Problemen‘) sollte sich zudem umgehend gestellt werden, am besten, noch ehe ihre Folgen spürbar werden. Jeder Aufschub führt automatisch zu erhöhtem Lösungsaufwand und entsprechenden Folgekosten. Nachweislich einer der größten Kostenverursacher in Projekten sind verspätete Projektentscheidungen, denn „wird nicht von Anfang an ein eindeutiges Verfahren festgelegt, nach dem die zur richtigen Reaktion nötigen Entscheidungen möglichst rasch herbeigeführt werden können, resultieren schon aus der bloßen Verzögerung unnötige hohe Mehrkosten" (Madauss 1994, S. 21). Je einfacher und klarer zudem Struktur und Aufgaben im Projekt sind, je schmaler/minimalistischer die reine Projektverwaltung (nur das *Nötigste* an Dokumentation, Formblättern usw.) ist – desto weniger Abweichungen wird es aufgrund von Missverständnissen geben (Steinle 1998, S. 28). „Auch komplizierte Zusammenhänge sollten nicht unnötig kompliziert, sondern so einfach wie möglich dargestellt und beschrieben werden" (Madauss 1994, S. 36). Gleiches gilt für die Konflikt- und Problembehandlung; nur weil die Lösungsanforderung komplex erscheint, sind nicht immer aufwendige wie komplexe Lösungs*verfahren* vonnöten. Manchmal, beispielsweise in einem einzeln auftretenden Konfliktmoment, reicht als Sofortmaßnahme die Entscheidung zugunsten der gemeinsamen Aufarbeitung in einem Folgeteammeeting oder zugunsten der Lösungsvertagung auf den Folgetag und ist genauso wirksam wie das alternative Hinzuziehen eines externen Schlichters.

9.1   Risikovorbeugung und Fehlerbehandlung

Es ist es sinnvoll, bereits mit Projektstart im Rahmen der Soll-Ist-Beschreibung sowohl fördernde Projektfaktoren und unterstützende Personen (Promotoren) als auch anzunehmende Risiken und ihre jeweilige Einflussrelevanz sowie Tragweite abzuschätzen. Sind die wichtigsten Förderer des Projekts exakt bestimmt und ihrer potenziellen Unterstützungsfunktion nach eingeordnet bzw. zusammengefasst (Tab. 33), werden diejenigen Akteure sichtbar, die im Projektverlauf ggf. wiederkehrend gezielt angesprochen/aktiviert werden können oder müssen (Projektmarketing). Zentrale Projekt-Promotoren sind (Bemmé 2008a, S. 129):

Fachpromotor Welcher Promotor hat die größte fachliche Kompetenz für das Projekt?	**Machtpromotor** Welcher Promotor hat hierarchisch die Macht, das Projekt zu unterstützen? Welcher Promotor hat faktische Entscheidungsmacht?
Finanzpromotor Welcher Promotor unterstützt das Projekt finanziell oder mit Ressourcen?	**Sozialpromotor** Wer hat integrierende Wirkung im/auf den Projektverlauf?

Tabelle 33   Promotoren-Matrix

Im Rahmen der Promotorenbestimmung macht eine erweiterte Beteiligten-, Betroffenen- oder auch Stakeholder-Analyse Sinn. Stakeholder sind all diejenigen Anspruchsgruppen, die ein konkretes Interesse an einem Projekt haben bzw. interne und externe Personengruppen, die von den Projekttätigkeiten direkt oder indirekt betroffen sind. Sponsern beispielsweise ein Musik-Label, eine lokale Marketing-gemeinschaft und ein Getränkehersteller ein Electronica-Konzertevent, lassen sich anhand der Stakeholder-Analyse sowohl potenziell unterstützende als auch hemmende Einflüsse herausarbeiten, die sich beispielsweise aus gemeinsamen und divergierenden Sponsoreninteressen ableiten können (Tab. 34). Hierzu wird eine Liste bzw. Übersicht der Einflussnehmenden oder Einflussfaktoren erstellt sowie eine Einschätzung zu möglichen Motiven und Zielen vorgenommen (Bemmé 2008a, S. 128). Einfaches Sammel- und Bewertungsinstrument ist die tabellarische Darstellung:

Einflussnehmer/ in...	... will für das Projekt	Einflussbewertung		Wirkung für das Projekt
		...wirkt hemmend auf	...wirkt fördernd auf	
Musik-Label	Größtmögliche Steigerung des Bekanntheitsgrads der eigenen Acts	Independent-Anspruch des Events/Booking unbekannter Acts	Werbung für den Event	Mögliche Einschränkung des Musikangebots
Marketing-gemeinschaft	Imagegewinn durch möglichst hohe Besucherzahl	Planung des Sicherheitskonzepts	Finanzierung des Events	Möglicher Konflikt bez. Besucheranzahl
Getränke-hersteller	Größtmögliche Einnahmen durch Getränkeabsatz	Planung des Sicherheitskonzepts	Finanzierung des Events	Möglicher Konflikt bez. Getränkeausschank

Tabelle 34   Übersicht Einflussnehmende und Motive/Ziele im Projekt

Insbesondere hinsichtlich der Einflussnahme von außen, ist eine regelmäßige Neubewertung von Gesamtsituation und Haupteinflussfaktoren im Rahmen des Controllings sinnvoll. Nicht nur bei Anbahnung und Zustandekommen eines Projekts, sondern ebenso im laufenden Prozess kann der Einfluss durch das jeweilige Projektumfeld oder einzelne Umfeldfaktoren eine kritische Rolle spielen (Bemmé 2008a, S. 127). Die Prognose bzw. Analyse umfasst die Betrachtung der Abhängigkeiten, die sich aus dem gesamten Projektumfeld ergeben können. Das bedeutet die Sammlung auch von zunächst sekundär erscheinenden Umfeldinformationen, die Identifikation potenzieller Stakeholder und Stakeholder-Ziele (offen/verdeckt), das Einholen gezielter Informationen sowie deren strategische Einordnung (mögliches Stakeholder-Verhalten). Leitfragen sind:

- Wer ist als potenzieller Stakeholder zu betrachten? (Personen, Gruppen, Institutionen)
- Welchen Einfluss und/oder welche ‚Macht' stehen ihnen hinsichtlich des Projekts zur Verfügung?
- Wie werden sich die potenziellen Stakeholder bezüglich des Projekts verhalten? Welchen verfügbaren Einfluss werden sie tatsächlich ausüben?

Abhängig von Projektkomplexität bzw. Beteiligten-/Betroffenenanzahl ist zwischen internen Faktoren (Projektteam) und Umfeldfaktoren/Akteuren zu differenzieren. Anhand des Ergebnisses können ggf. zusätzliche Fürsprecher und Unterstützer hinzugewonnen und Widerstände früh erkannt werden.

Risikobetrachtungen lassen sich grundsätzlich sowohl mit der strategischen Erstplanung als auch mit der Machbarkeitsprüfung der Einzelmaßnahmen bzw. Arbeitspakete kombinieren. Insbesondere in Prozessabschnitten (oft zu Projektbeginn), in denen das Projektteam (noch) sehr euphorisch ist, ist es manchmal ausreichend, das Vorhandensein von Risiken *als solches* ins Bewusstsein zu heben, z. B. indem lediglich eine Auswahl potenziell kritischer Faktoren im Rahmen eines Meetings thematisiert und von den Teammitgliedern mit qualifiziertem Feed-back belegt wird. Wesentlich ist, sich *überhaupt* strukturiert und in angemessenem zeitlichen Umfang mit den potenziellen Projektrisiken sowie geeigneten Gegenmaßnahmen auseinander zu setzen. Wird beispielsweise ein Open-Air-Festspiel geplant, so macht es Sinn, die Risiken unwägbarer Witterungsverhältnisse zu bewerten und Lösungsalternativen (einen ‚Plan B') für den Fall vorliegen zu haben, dass es regnet. Plant ein Projektteam die Durchführung des in Tab. 35 genannten Großkonzerts mit Electronica-Musik auf einem alten Baugelände oder in einem zugangsbegrenzten Gewerbeareal, sollten die Risiken der Überbelegung, Großgruppendynamik und die daraus möglicherweise resultierenden Risikofolgen nicht nur bekannt, sondern ebenso mit zuverlässigen Abstellmaßnahmen hinterlegt sein.

Hierzu gibt es unterschiedliche Methoden der Risikobewertung. Neben qualitativen Erhebungsmethoden wie Feed-back, Erfahrungsberichten, Vergleichsbetrachtungen usw. kann es sinnvoll sein, sich sehr bewusst für ein vorstrukturiertes Standardverfahren zu entscheiden. Die gängigste Form ist die sogenannte *FMEA* – die Fehlermöglichkeits- und Einfluss-Analyse, im Englischen *Failure Mode and Effects Analysis*. Sie ist die am weitesten verbreitete Methode, um präventiv Risiken und Fehlerquellen von Produkten und Prozessen in der Entwicklung, Prozessplanung und Umsetzung festzustellen und zu quantifizieren. Typische Anwendungsgebiete sind Branchen mit sicherheitsrelevanten Produkten, wie z. B. in der Automobilindustrie, Luft- und Raumfahrt und Medizintechnik. Dies macht die *FMEA* – insbesondere in Zeiten mangelnder finanzieller Ressourcen und ausgehender Fremdfinanzierungsargumente – umso interessanter auch für den Non-Profit- und Kulturbereich, da sie in der Lage ist, (auch) ‚weiche' Risikofaktoren in ‚harte' Kennzahlen zu übersetzen. Das Besondere an der Methode ist die Zuordnung von Zahlenwerten/ Kennzahlen zu Eintrittswahrscheinlichkeit und Tragweite angenommener Risiken sowie zur Wirksamkeit gewählter Gegenmaßnahmen, aus denen sich in Summe anschließend eine Risiko-Prioritätszahl (RPZ) errechnen lässt. Je nach festgelegtem Relevanzgrad bzw. Grenzwert, zeigt eine rechnerische Überschreitung des festgelegten Risikograds sofortigen Handlungsbedarf (Notwendigkeit von Präventiv- oder Abstellmaßnahmen) an. Für die Erstbewertung sowie als Denkhilfe ist in vielen kleineren Projekten bereits eine vereinfachte (kennzahlenfreie) Variante hilfreich, im Folgenden (Tab. 35) ein Auszug aus der möglichen Risikobewertung des Electronica-Konzert-Beispiels.

Risikoanalyse: Projekt Electronica-Konzert 2012										
Welches sind mögliche Risiken für ein Scheitern oder für Störungen im Projektverlauf? Welches sind Gegenmaßnahmen und deren Auswirkungen?										
Projektschritt/ Maßnahme/ Arbeitspaket	Risiko-beschreibung	Derzeitige Vermeidungs-maßnahme	Tragweite			Eintrittswahr-scheinlichkeit			Aktion/ Abstellmaß-nahme	Wirkung/ Resultat
			Hoch	Mittel	Niedrig	Hoch	Mittel	Niedrig		
Veranstaltungs-durchführung	Großgruppen-dynamik führt zu Massenpanik	Zugangs-begrenzung/ begrenzte Be-sucheranzahl	X			X			Koordinierte + konsequentes Zugangs-kontrolle	Niedrigere Eintrittswahr-scheinlichkeit Massenpanik
	Großgruppen-dynamik führt zu Massenpanik	Security-Personal an der Bühne	X				X		Konfliktlösungs-qualifiziertes Zusatzpersonal Zuschauer-bereich	Niedrigere Eintrittswahr-scheinlichkeit Massenpanik
	Alkoholisierte Besucher/innen nehmen negativen Einfluss auf Gesamtstimmung	Kein Ausschank alkoholischer Getränke auf dem Veranstal-tungsgelände		X			X		Zusätzliche Kontrollen (inkl. Platzverweis) vor und während des Konzerts	Niedrigere Eintrittswahr-scheinlichkeit übermäßiger Alkoholkonsum
	Alkoholisierte Besucher/innen nehmen negativen Einfluss auf Gesamtstimmung	Aufruf zum friedlichen Miteinander-Feiern auf Plakat		X			X		Zusatz-ankündigung ‚Null-Toleranz'-Kontrollen	Niedrigere Eintrittswahr-scheinlichkeit übermäßiger Alkoholkonsum

Tabelle 35 Formblatt-Beispielstruktur Risikoanalyse

Das Verfahren zur Durchführung ist denkbar einfach: Im Projektteam wird der zu untersuchende Prozess bzw. Projektteil hinsichtlich potentieller Fehlermöglichkeiten, Risiken und Verbesserungspotenziale aufgeteilt und analysiert. Dann werden gemeinsam notwendige Maßnahmen zur Optimierung festgelegt, die im weiteren Verlauf der Entwicklung und Planung umgesetzt und deren Wirkungen überprüft werden. Zumindest solchen Risiken, deren Eintrittswahrscheinlichkeit oder Tragweite als mittel bis hoch bewertet werden (im Beispiel in Tab. 35 somit alle Risiken), bzw. für die zum Analysezeitpunkt keine oder keine ausreichenden Präventionsverfahren vorhanden sind, sollten im Rahmen der Maßnahmenplanung und Durchführung ernst genommen und behandelt werden.

9.2 Problemlösungszyklen und strukturiertes Projekt-Feed-back

Effiziente Kulturprojektarbeit ist nur möglich, wenn die eigene Arbeitsleistung bewusst und regelmäßig von Neuem kritisch überprüft und über die Konsequenzen des eigenen Handelns nachgedacht wird (siehe Kap. 7). Ein wesentlicher Erfolgsfaktor ist überdies der Umgang mit solchen Situationen, die trotz Risikoanalyse unerwartet bzw. ungewollt auftreten. Hierfür sind in jeder Projektphase, z. B. geknüpft an die Regelkommunikation in Teambesprechungen, sogenannte Problemlösungszyklen einzubauen, mit deren Hilfe im Projekt auftretende Unsicherheiten beseitigt werden (Steinle 1998, S. 28). Sie geben Hinweise auf Arbeits- und Prozessqualität im Projektteam sowie zu Optimierungspotenzialen anhand der im Projekt eingesetzten Verfahren (Best Practice).

Obgleich Kulturprojekte meist unter massivem Zeitdruck stehen und auch unerwartete Aufgaben schnellstmöglich zu lösen sind, sollte seitens der Projektleitung dennoch streng zwischen *Sofort-* und *Abstell*maßnahmen unterschieden werden. *Sofortmaßnahmen* folgen der Prämisse einer Symptombehandlung, *Abstellmaßnahmen* der Prämisse der Ursachenbehebung. Während Entscheidungen über Sofortmaßnahmen aufgrund der Dringlichkeit zumeist allein in Händen der Projektleitung verbleiben, sollten Abstellmaßnahmen wann immer möglich im Gesamtprojektteam entschieden werden, d. h. alle Mitglieder direkt und aktiv beteiligt sein. Damit dies gelingt und eine klärende Analyse ohne zwischenmenschliche bzw. persönliche (Ab-)Wertung möglich ist, sollte auch Feed-back, z. B. als Teil des Verhaltensspielregelkatalogs (Kap. 4.2), festen Regeln folgen (Gellert/Nowak 2002, S. 58 ff.):

- *Nur eine Person spricht* – es wird von anderen nicht kommentiert.
- *Keine Diskussionen:* Ist kein Rück-Feed-back der Empfängerperson vereinbart, ist das gegebene Feed-back auf Nehmer-Seite still anzunehmen. Nur so wird das Risiko von ‚Wertdebatten' minimiert.

- *Rücksichtnahme + Selbstkontrolle:* Feed-back soll anderen helfen, nicht sie verletzen. Daher ist auf das eigene Verhalten zu achten und der Wille zur Sachlichkeit zu verfolgen.
- *Konkret sein:* Feed-back ist spezifisch und bezieht sich auf bestimmte Ereignisse oder bestimmtes Verhalten.
- *Ausdrücklichkeit:* Feed-back drückt möglichst mehr aus als bloße Information, sondern bringt ebenso Gefühlslagen zum Ausdruck, z. B. ‚Ich fühle…', ‚Ich nehme wahr…' oder ‚Bei mir kommt es wie folgt an…'
- *Werturteilsfreiheit:* Es wird nicht über den Menschen geurteilt, sondern es werden subjektiv erlebte Situationen beschrieben.
- *Unmittelbarkeit:* Zwischen Ereignis und Feed-back sollte nicht zuviel Zeit verstreichen, damit allen Beteiligten Ereignis und Bezug präsent sind. (Aufgestautes Feed-back führt eher zu gegenseitigen Beschuldigungen.)
- *Umsetzbarkeit:* Feed-back bezieht sich möglichst auf bestimmt erlebte Verhaltensweisen oder Vorkommnisse, die von den Feed-back-Nehmenden (künftig) verändert werden können.

Feed-back sollte im Sinne aller Beteiligten dokumentiert werden. Nicht selten entstehen aus dem abschließenden Gesamtbild einer Feed-back-Runde neue Ideen und Lösungsansätze. Diese sollten in Form von Handlungshinweisen bzw. Entscheidungen seitens der Projektleitung schriftlich festgehalten werden und in die Protokollierung eingehen. Wichtig ist, dass Transparenz und Eindeutigkeit hergestellt wird, wozu das Feed-back dienen soll, wie der Prozess abläuft und was mit den Ergebnissen weiter geschieht. Gegebenenfalls sollte das System, z. B. als Fragebogen (Tab. 36) gemeinsam im Team erarbeitet werden (Legitimation durch Beteiligung). In bereits festgefahrenen Konfliktsituationen erweisen sich (teamintern) anonyme Feed-back-Verfahren aufgrund der niedrigeren Zugangs- bzw. Hemmschwelle als sehr aussagekräftig; in der moderierten Teamkonfliktlösung bzw. (externen) Teamberatung werden Feed-back und Diagnostik unter bewusstem Einsatz der dramatischen Situation und des vorhandenen Leidensdrucks meist offen durchgeführt.

Ein Zusatznutzen hierfür vorhandener Feed-back-Formulare liegt darin, dass die Ergebnisse direkt in das vorhandene Projektdokumentationsraster eingepflegt werden können. Im obigen Beispiel (Tab. 36) ergibt sich aus der Summe der von den befragten Teammitgliedern bestätigten Aussagen ein Hinweis auf die Teamsituation im Projekt. Zugleich ist zu bedenken, dass solch qualitative Diagnostik mittels Feed-back oder Befragung beschränkt auf die Erfassung der Symptomatik und in der Praxis ungeeignet ist, alle Ursachen und daraus zu folgernden Handlungsnotwendigkeiten zu klären. Besteht teamintern die Notwendigkeit zu aufwendigeren Interventionsmethoden (z. B. wiederkehrende Einzelklärungsgespräche, vertrauliche persönliche Interviews, Teamberatungsschleifen) bzw. wird sich überwiegend mit

Arbeitssituation im Projektteam

		Stimmt	Stimmt eher	Stimmt eher nicht	Stimmt nicht
1.	Die Projektziele sind klar definiert und messbar.	☐	☐	☐	☐
2.	Die Risiken im Projekt werden realistisch eingeschätzt.	☐	☐	☐	☐
3.	Die vereinbarten Projektziele werden innerhalb der zeitlichen Vorgaben sicher erreicht.	☐	☐	☐	☐
4.	Die Qualifikation im Team reicht aus, um die Ziele zu erreichen.	☐	☐	☐	☐
5.	Die geplanten Maßnahmen sind alle umsetzbar.	☐	☐	☐	☐
6.	Die Realisierung der Maßnahmen verläuft planmäßig.	☐	☐	☐	☐
7.	Die jeweilige IST-Situation wird angemessen analysiert.	☐	☐	☐	☐
8.	Abweichungen vom geplanten Prozess werden umgehend transparent gemacht.	☐	☐	☐	☐
9.	Das Arbeitsklima im Team ist den Zielen dienlich.	☐	☐	☐	☐
10.	Die Zusammenarbeit im Team verläuft positiv.	☐	☐	☐	☐
11.	Die Zusammenarbeit an den Schnittstellen nach außen funktioniert.	☐	☐	☐	☐
12.	Wir gehen im Projekt systematisch und klar strukturiert vor.	☐	☐	☐	☐
13.	Verantwortlichkeiten, Rollen, Zuständigkeiten und Kompetenzen sind eindeutig geklärt.	☐	☐	☐	☐
14.	Aufgaben, Abläufe sind innerhalb des Teams eindeutig definiert.	☐	☐	☐	☐
15.	Aufgaben, Abläufe werden innerhalb des Teams eingehalten.	☐	☐	☐	☐
16.	Wir nehmen uns angemessen Zeit, Vorstellungen und Erwartungen auszutauschen.	☐	☐	☐	☐
17.	Es werden klare Vereinbarungen getroffen.	☐	☐	☐	☐
18.	Vereinbarungen werden von allen eingehalten.	☐	☐	☐	☐
19.	Alle Teammitglieder arbeiten aktiv an der Verwirklichung der Projektziele mit.	☐	☐	☐	☐
20.	Wir halten uns an getroffene Entscheidungen und setzen diese um.	☐	☐	☐	☐
21.	Wir können offen über Unsicherheiten im Team sprechen und sind wir offen für das Einbringen aller Lösungen.	☐	☐	☐	☐
22.	Meinungsverschiedenheiten werden restlos geklärt und individuelle Standpunkte berücksichtigt.	☐	☐	☐	☐
23.	Auftauchende Probleme im Projekt werden umgehend adressiert.	☐	☐	☐	☐
24.	Auftauchende Probleme werden angemessen im Sinne der Zielerreichung bearbeitet.	☐	☐	☐	☐
25.	Wir nehmen uns ausreichend Zeit für die Lösung teaminterner Probleme.	☐	☐	☐	☐
26.	Wir sprechen offen über die Qualität unserer Zusammenarbeit.	☐	☐	☐	☐
27.	Vereinbarte Regeln werden von allen eingehalten.	☐	☐	☐	☐
	Summe/Ergebnis				

Tabelle 36   Beispiel-Fragebogen I – Projektstatus im Team

sich selbst und Team-Interna beschäftigt, ohne dass merklich positive Ergebnisse für den Projektprozess daraus hervorgehen, ist die interne Konfliktarbeit gescheitert und ausschließlich die Intervention von außen (Beratung) sinnvoll.

10 Ausblick

Die kulturbetriebliche Organisationsumwelt wird nicht weniger komplex oder weniger schnelllebig werden. Finanzierungsdruck, verändertes Besucherverhalten und organisationsbezogene Entwicklungsnotwendigkeit machen zunehmend strukturierendes und planerisches Arbeiten in wechselnden personellen Zusammenschlüssen an der Schnittstelle zwischen kulturell autonomem Angebots- und rational notwendigem Wirtschaftlichkeitsverständnis notwendig. Gesetzliche Vorschriften, Normen und Richtlinien eröffnen manchmal neue Gestaltungsmöglichkeiten; vielfach werden Vorgaben jedoch auch rigider. Für eine kulturbetriebliche Zukunft inmitten einer beschleunigten Umweltdynamik, steigenden Aufgabenkomplexität und weiter zunehmenden Organisationsdifferenzierung lautet das Credo von Kulturprojekt- und Teamarbeit, intelligenter statt härter zu arbeiten.

Dies impliziert eine weiter wachsende Bedeutung der Projektorganisation innerhalb des Kulturbetriebs. Ein entsprechend passendes Kultur-Projektmanagement wird künftig unentbehrliches Führungskonzept und Instrument im Alltag sein. Es ist Aufgabe des Kulturbetriebs, sich hiermit aktiv, konstruktiv und visionär auseinander zu setzen und die Implementierung eines ebenso effektiven wie effizienten Managements sicherzustellen. Hierbei wird weiter mit den bestehenden Spannungsfeldern umzugehen sein, die zwischen künstlerischer Autonomie und Schaffensenergie sowie betriebsorganisatorischer und wirtschaftlicher Realität bestehen. Patentlösungen gibt es hierbei keine. Vielmehr sollte die jeweilige Lösung individuell auf die Organisation zugeschnitten und kompatibel mit den formellen wie informellen Voraussetzungen sein. Hierbei ist die Einführung bzw. Optimierung von Projektarbeitsstrukturen im Rahmen gesamtunternehmerischer Organisationsentwicklung vereinzelt unumgänglich.

Kultur-Projektmanagement beinhaltet trotz des methodisch hohen Planungs- und Exaktheitsanspruchs auch den Mut zum ‚Trial an Error', zum Ausprobieren, was für die einzelne Kulturorganisation wünschenswert, zielführend und machbar ist. Von ebenso zentraler strategischer Bedeutung ist das wiederkehrende Stellen von Grundsatzfragen wie: ‚Muss es überhaupt ein Projekt sein?' Auch die bewusste Prüfung des Zukaufs externer Unterstützung sollte hierbei legitim sein, denn nicht immer ist die Antwort auf die Frage: ‚Können wir das alles aus eigener Kraft leisten?' mit Ja zu beantworten. Spätestens bei der Analyse vorhandener Ressourcen ist festzustellen, dass eine ausschließlich interne Projektierung (insbesondere organisationsentwickelnder Bestrebungen) teurer sein kann (Personalbindung, notwendige Spezialqualifikationen, Aus-/Fortbildung, Konfliktpotenzial usw.) als der temporäre Kompetenz-Zukauf von außen. Vielfach kann eine externe Beteiligung

(Moderation, Supervision, Analyse) ebenso davor bewahren, Fehlentscheidungen hinsichtlich einer Projektierung zu treffen, d. h. kann Risiken minimieren (Dörner 2009, S. 32).

Was generell für den Kulturbetrieb gilt, wird zunehmend auch für die erfolgreiche interne Projektierung gelten: Der Bedarf an gutem Management wird wachsen, da die Umwelt (Staat, Gesellschaft, Öffentlichkeit, Politik, Gesetzgeber usw.) immer weniger fähig ist, externe Idealvoraussetzungen für die interne Aufgabenlösung bereitzustellen. Zugleich ist anzunehmen, dass traditionelle, streng hierarchisch aufgebaute Organisationen künftig immer weniger in der Lage sein werden, komplexe Probleme schnell und erfolgreich aus eigener Kraft zu bewältigen. Schon heute gehören die Schnellen und zugleich Professionellen zu den Profiteuren des Wandels. Ein Beharren auf bestehenden Organisationsstrukturen und tradierten Verfahrensweisen, welche die Weiterentwicklung der Kulturorganisation bremsen können, ist hierbei ebenso riskant wie die unreflektierte Implementierung gewinnorientierter oder betriebswirtschaftlicher Planungskonzepte und Methoden. Die Lösung liegt, statt heute vielfach im ‚Entweder-oder', im künftigen ‚Sowohl-als-auch', d. h. im Finden der organisationsspezifischen Balance *aller* für den Kulturbetrieb in Frage kommenden Mittel zur Bewältigung bestehender und anstehender Aufgaben. Diejenigen, die dies erkennen oder schon erkannt haben und die Erkenntnis in aktive Management-Handlungen umzusetzen in der Lage sind, verschaffen sich Alleinstellungsmerkmale und können optimistisch in die mittelfristige Zukunft blicken.

11 Literaturliste

Becker, Lutz/Ehrhardt, Johannes/Gora, Walter (Hrsg.): Projektführung und Projektmanagement. Wie Sie Strategien schlagkräftig umsetzen. Düsseldorf: Symposion Publishing.

Bemmé, Sven-Oliver (2010a): Kulturprojekt-Controllig: Ein Teilbereich erfolgreicher Kulturprojekt-Gestaltung. In: Loock/Scheytt (2006–2010): S. 1–22.

Bemmé, Sven-Oliver (2010b): Besser sein als andere hört niemals auf. In: stadtkultur magazin, Ausgabe 13/2010: S. 10–11.

Bemmé, Sven-Oliver (2008a): Projektsteuerung und Evaluation im Kultur- und Medienmanagement. Hamburg: Institut für Kultur- und Medienmanagement.

Bemmé, Sven Oliver (2008b): Das Leidbild mit dem Leitbild – Offizielle und wirkliche Wirklichkeit der Leitbildentwicklung in Kultur-Organisationen. In: Birnkraut/Wolf (2008): S. 51–69.

Bemmé, Sven-Oliver (2008c): Strategische Neuausrichtung im Verkauf: Lösung statt Listung. In: Kuhnert/Teuber (2008): S. 141–161.

Bemmé, Sven-Oliver (2007a): Unternehmerisches Denken – Mythos oder Zukunftschance. In: Birnkraut/Wolf (2007): S. 35–57.

Bemmé, Sven-Oliver (2007b): Erfolgreich delegieren im Kultur- und Medienmanagement-Alltag. Chancen und Grenzen des gezielten „Zeiteinkaufs". In: Loock/Scheytt (2006–2010): S. 1–24.

Bemmé, Sven-Oliver (2006): Kulturprojekte erfolgreich managen. In: Loock/Scheytt (2006–2010): S. 1–26.

Bendixen, Peter (2006): Allgemeine Grundlagen des Kulturmanagements. In: Loock/Scheytt (2006–2010): S. 1–26.

Birnkraut, Gesa (2010): Evaluation im Kulturbetrieb. Wiesbaden: VS Verlag für Sozialwissenschaften.

Birnkraut, Gesa/Wolf, Karen (Hrsg.): Kulturmanagement konkret – Interdisziplinäre Positionen und Perspektiven. Bd. 1. Hamburg, Wien: Institut für Kulturkonzepte e. V. 2007.

Birnkraut, Gesa/Wolf, Karen (Hrsg.): Kulturmanagement konkret – Interdisziplinäre Positionen und Perspektiven. Bd. 2. Hamburg, Wien: Institut für Kulturkonzepte e. V. 2008.

Böhme, Frank (2006): Selbstmanagement im Beruf. Die Kunst, Projekte und Zeit effektiv zu gestalten. In: Loock/Scheytt (2006–2010): S. 1–10.

Bloching, Björn/Hasse, Felix (2006): Organisation im Kulturbetrieb. Von der freien Wirtschaft lernen. In: Loock/Scheytt (2006–2010): S. 1–12.

Boy, Jacques/Dudek, Christian/Kuschel, Sabine (1995): Projektmanagement: Grundlagen, Methoden und Techniken Zusammenhänge. 2. Auflage. Offenbach: Gabal.

Bundesverband Deutscher Stiftungen (2008): Verzeichnis Deutscher Stiftungen. Band 1. Zahlen, Daten, Fakten zum Deutschen Stiftungswesen. 6. Auflage. Berlin: Bundesverband Deutscher Stiftungen.

Dee, Regine (2007): Die Illusion vom freien Willen. In: Innovate! Ausgabe 04/2007. S. 22–25.

Dörner, Dietrich (2009): Die Logik des Misslingens: Strategisches Denken in komplexen Situationen. 8. Auflage. Reinbek bei Hamburg: Rowohlt Taschenbuch Verlag.

English, Fanita/Pischetsrieder, Gerd (1996): ICH – Beruf, Leben, Beziehungen: Orientierungshilfen für Beziehungen und Verhalten im Beruf. Pischetsrieder Consulting GmbH: Hamburg.

Ehrl-Gruber, Birgit/Süß, Gerda M. (Hrsg.) (1996a): Praxishandbuch Projektmanagement: Ergebnisorientierte und termingerechte Projektabwicklung in der Industrie. Band 1. Augsburg: WEKA Fachverlag für technische Führungskräfte.

Ehrl-Gruber, Birgit/Süß, Gerda M. (Hrsg.) (1996b): Projektmanagement: Ergebnisorientierte und termingerechte Projektabwicklung in der Industrie. Band 2. Augsburg: WEKA Fachverlag für technische Führungskräfte.

Eschlbeck, Dieter (1996a): Projektcontrolling. In: Ehrl-Gruber/Süß (1996a): Kap. 2.5.

Eschlbeck, Dieter (1996b): Projektmanagement-Software. In: Ehrl-Gruber/Süß (1996b): Kap. 8.2–8.5.

Francis, Dave/Young, Don (1986): Mehr Erfolg im Team: Ein Trainingsprogramm mit 46 Übungen zur Verbesserung der Leistungsfähigkeit in Arbeitsgruppen. Windmühle GmbH – Verlag und Vertrieb von Medien: Essen-Werden.

Gellert, Manfred/Nowak, Claus (2002): Teamarbeit, Teamentwicklung, Teamberatung. Ein Praxishandbuch für die Arbeit in und mit Teams. 1. Auflage. Meezen: Verlag Christa Limmer.

Günter, Bernd/Hausmann, Andrea (2009): Kulturmarketing. 1. Auflage. Wiesbaden: VS Verlag für Sozialwissenschaften.

Handschuh, Kathrin/Hausmann, Lothar/Homberger, Natalie/Kulper, Petra/Lohmeyer-Duchatz/Rüth, Katharina/Schmidt, Eva (2006–2007): Kultur und Medien: Profi-Tipps für Ihren erfolgreichen Umgang mit Journalisten. Beilage zu: Loock/Scheytt (2006–2010): S. 1–30.

Hausmann, Andrea (2007): Erfolgreiches Innovationsmanagement in Kulturbetrieben. In: Loock/Scheytt (2006–2010): S. 1–12.

Heinrichs, Werner (2006): Strategisches Kulturmanagement. Frühzeitig Potenziale für den Erfolg von morgen schaffen. In: Loock/Scheytt (2006–2010): S. 1–34.

Heinze, Dirk (2008): Aktuelle Trends im Kulturmanagement. In: Birnkraut/Wolf (2008): 175–184.

Herrmann, Ned (1991): Kreativität und Kompetenz – Das einmalige Gehirn. Fulda: PAIDIA Verlag in der TAM Verlagsbuchhandlung GmbH.

Hopf, Gregor (2008): Broadway trifft Staatstheater – eine Output-orientierte, vergleichende Darstellung der Produktionsprinzipien anhand der Saison 2004/5. In: Birnkraut/Wolf (2008): S. 107–117.

Kardos, Davor (1996): Projektkostenrechnung. In: Ehrl-Gruber/Süß (1996a): Kap. 2.8.

Klein, Armin (2008): Projektmanagement für Kulturmanager. 3. überarbeitete Auflage. Wiesbaden: VS Verlag für Sozialwissenschaften.

Küpper, Gunhild (2008): Völlig neue Strukturen finden – Change Management mit Pflegekräften und ärztlichen Mitarbeitern. In: Kuhnert/Teuber (2009): S. 47–61.

Kuhnert, Jan/Teuber, Stephan (2008): Praxishandbuch Change Management: Einsatzfelder, Grenzen und Chancen. München: Verlag Franz Vahlen GmbH.

Lange, Dietmar (Hrsg.) (1998): Deutsches Projektmanagement Forum 1998. Dokumentationsband. Projektmanagement für den Standort Deutschland. 1.–2. Oktober 1998, Dresden. München: GPM – Deutsche Gesellschaft für Projektmanagement e. V.

Liebald, Christiane (1998): Leitfaden für Selbstevaluation und Qualitätssicherung. Bonn: Bundesministerium für Familie, Senioren, Frauen und Jugend.

Loock, Friedrich/Scheytt, Oliver (Hrsg.) (2006–2010): Kulturmanagement und Kulturpolitik: Die Kunst, Kultur zu ermöglichen. Berlin: Dr. Josef Raabe Verlag.

Madauss, Bernd J. (1994): Handbuch Projektmanagement. 5. Auflage. Stuttgart: Schäffer-Poeschel.

Mandel, Birgit (2007): Die neuen Kulturunternehmer, Vorreiter und Visionen eines sich wandelnden Kulturbetriebes. In: Birnkraut/Wolf (2007): S. 13–25.

Mehlbeer, Thomas (2010): Qualität im Kulturbetrieb – Haben wir doch alle, oder? In: stadtkultur magazin, Ausgabe 13/2010: S. 8–9.

Mente, Michael (1998): Zielbildung und Sicherung als Grundlage eines ergebnisorientierten Projektmanagements. In: Steinle/Bruch/Lawa (1998): S. 106–127.

Migge, Björn (2005): Handbuch Coaching und Beratung: Wirkungsvolle Modelle, kommentierte Falldarstellungen, zahlreiche Übungen. Weinheim/Basel: Beltz Verlag.

Miko, Markus (2008): Controlling in Kulturorganisationen. In: Birnkraut/Wolf (2008): S. 73–85.

Nagel, Reinhart/Wimmer, Rudolf (2004): Systemische Strategieentwicklung: Modelle und Instrumente für Berater und Entscheider. 2. Auflage. Stuttgart: Klett-Cotta.

Noack, Peter (1996a): Zielformulierung. In: Ehrl-Gruber/Süß (1996a): Kap. 2.5.

Noack, Peter (1996b): Kreativitätstechniken einsetzen. In: Ehrl-Gruber/Süß (1996b): Kap. 4.7.

Rhein, Isgard (2007): Der Live-Musikclub als Unternehmen und die behördlichen Genehmigungsvoraussetzungen. In: Birnkraut/Wolf (2007): S. 175–193.

Rosenberger, Bernhard/Trentzsch, Sylvie (2009): Der Projektleiter als spezialisierter Generalist. Sonderdruck aus: Becker, Lutz/Ehrhardt, Johannes/Gora, Walter (2009): S. 1–39.

Roth, Gerhard (1997): Das Gehirn und seine Wirklichkeit: Kognitive Neurobiologie und ihre philosophischen Konsequenzen. 1. Auflage. Frankfurt a. M.: Suhrkamp Taschenbuch Verlag.

Sabisch, Helmut/Tintelnot, Claus (Hrsg.) (1997): Benchmarking – Weg zu unternehmerischen Spitzenleistungen. Stuttgart: Schäffer-Poeschel.

Sattelberger, Thomas (Hrsg.) (1991): Die lernende Organisation: Konzepte für eine neue Qualität der Unternehmensentwicklung. Wiesbaden: Gabler.

Scheytt, Oliver/Zimmermann, M. (2006): Qualitätsmanagement in Kultureinrichtungen. In: Loock/Scheytt (2006–2010): S. 1–22.

Schlüter, Christine (1996): Merkmale der Projektorganisation. In: Ehrl-Gruber/Süß (1996a): Kap. 3.2.

Schneidewind, Petra (2006): Controlling im Kulturbetrieb. Eine betriebswirtschaftliche Serviceleistung. In: Loock/Scheytt (2006–2010): S. 1–22.

Schneider, Vera (2007): Evaluation als Instrument der kulturpolitischen Steuerung. Methodische Überlegungen am Beispiel AKBP. In: Loock/Scheytt (2006–2010): S. 1–14.

Schoop, Simon (2008): Weniger Klicks – mehr Informationen. Change Management im Rahmen der konzernweiten Einführung eines neuen Intranets bei SAP. In: Kuhnert/ Teuber (2008): S. 89–108.

Schwägerl, Michael (1996): Effiziente Projektarbeit: Erfolgsfaktoren und angewandte Steuerungsinstrumente. In: Ehrl-Gruber/Süß (1996a): Kap. 2.4.

Steinle, Claus (1998): Projektcontrolling: Konzept, Instrumente und Formen. In: Steinle/ Bruch/Lawa (1998): S. 23–36.

Steinle, Claus/Bruch, Heike/Lawa, Dieter (Hrsg.) (1998): Projektmanagement: Instrument effizienter Dienstleistung. 2. Aufl. Frankfurt a. M.: FAZ, Verlagsbereich Buch.

Steinle, Claus/Lawa; Dieter/Kraege, A. (1998): Projektcontrolling: Konzept, Instrumente und Formen. In: Steinle/Bruch/Lawa (1998): S. 131–149.

Vermeulen, Peter (2007): Neuausrichtung kommunaler Kulturförderung. Strategien für eine systematische Kulturentwicklung. In: Loock/Scheytt (2006–2010): S. 1–22.

Weidner, Walter/Freitag, Gerhard/Gernet, Erich (1992): Organisation in der Unternehmung: Aufbau- und Ablauforganisation – Methoden und Techniken praktischer Organisationsarbeit. 4. überarbeitete Auflage. München, Wien: Carl Hanser Verlag.

Sonstige

Kultur und Management im Dialog. Das Monatsmagazin vom Kulturmanagement Network. Nr. 3, Januar 2007.

stadtkultur magazin. Hamburg: Stadtkultur Hamburg e. V. Ausgabe 13/Juli 2010

http://www.abendblatt.de/hamburg/kommunales/article1499324/Elbphilharmonie-Hamburg-wir-haben-ein-Problem.html

http://www.akademie.de/fuehrung-organisation/wissensmanagement/kurse/projektmanagement-kopie/projektdefinition/projektziele-formulieren.html

http://www.bertelsmann-stiftung.de

http://www.changemanagement.bdu.de/cm_begriffe.html.

http://www.dynaxität.de

http://www.essen-fuer-das-ruhrgebiet.ruhr2010.de

http://www.gpm-ipma.de

http://www.hamburg.de/musikszene

http://www.hamburg.de/contentblob/2402672/data/gutachten.pdf

http://www.hamburg.de/contentblob/2402676/data/workshop060622.pdf

http://www.kulturmanagement.net

http://www.projektmagazin.de/magazin/arbeitshilfen/arbeitshilfen_topten.html

http://www.spiegel.de/kultur/gesellschaft/0,1518,593369,00.html

http://www.stern.de/kultur/kunst/streit-um-elbphilharmonie-hamburg-verklagt-hochtief-1556605.html

http://www.system-fmea.de/methode.html

http://www.teachsam.de/arb/krea/krea_brainst_0.htm

http://www.teachsam.de/deutsch/d_schreibf/schr_schule/eroert/ero_arbs_3_2.htm